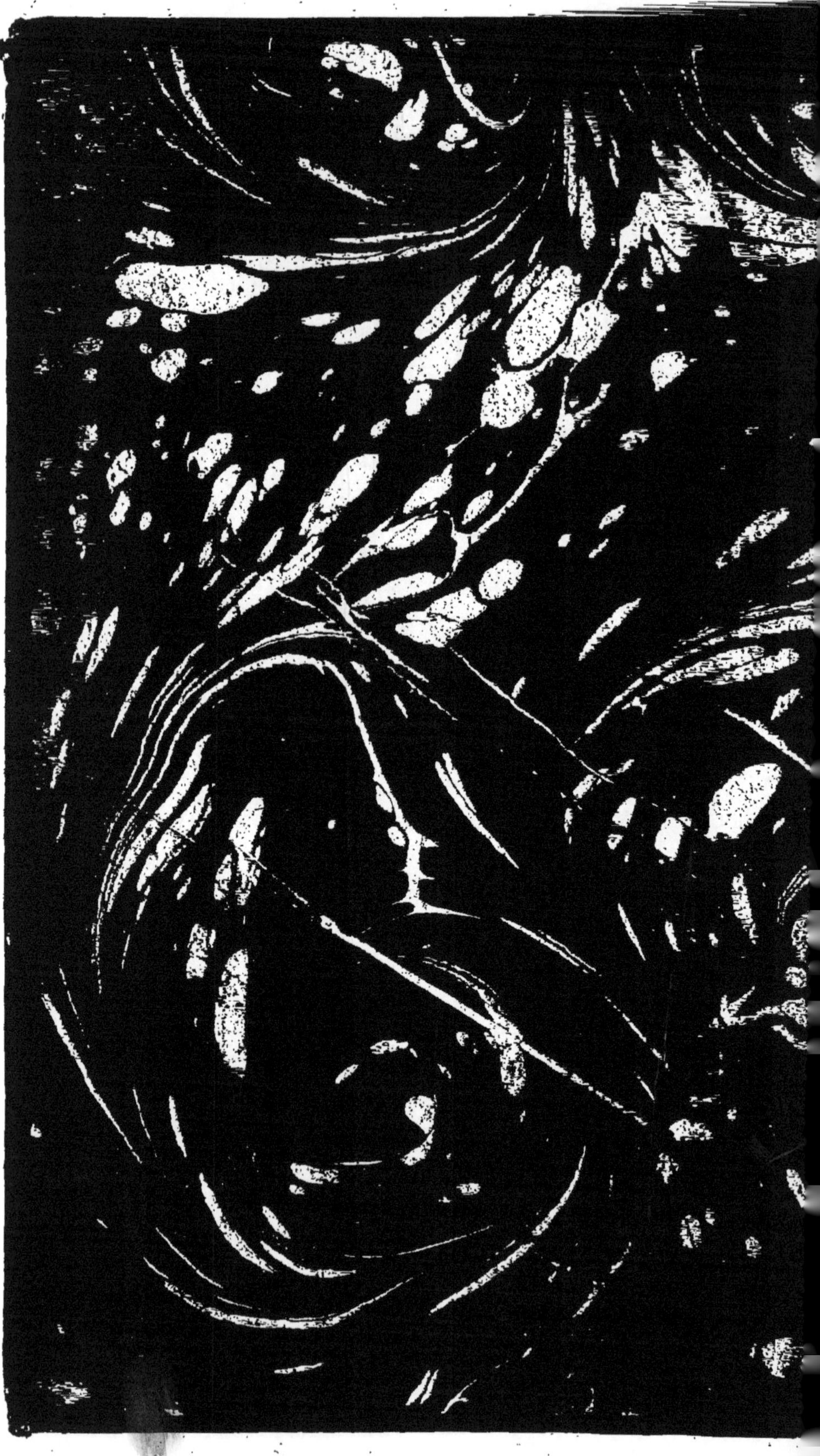

TRAITE
PHYSIOLOGIQUE
ET
CHYMIQUE,
SUR
LA NUTRITION.

Ouvrage qui a remporté le prix de Physique de l'Académie Royale des Sciences & Belles-Lettres de Berlin en 1766.

Par M. DURADE de Ge...

A PARIS,

Chez LOTTIN jeune, & HERISSANT Fils, Libraires, rue Saint Jacques.

———————————

M. DCC. LXVII.

Avec Approbation, & Privilége du Roi.

AVANT-PROPOS.

L'INSTINCT dans les ani-
maux brutes n'a pour guide
que les impulſions d'une nature materielle : les objets qui
les flattent, ſont ceux qui leur
conviennent, & le ſeul ſenti-
ment du plaiſir, les conduit
au bonheur. Guidés par la
raiſon, attribut précieux de
l'ame, les hommes penſent
ſolidement ſur ce qui leur eſt
utile ou dangereux. Cependant ils tombent quelquefois

dans l'erreur lorfqu'ils fe li-
vrent à des fpéculations trop
profondes. Entre mille exemples de cette verité, leur con-
duite dans le choix des alimens, en préfente un bien remarquable à l'égard du fucre. Cette fubftance, la meilleure de toutes celles qui
contiennent des principes
doux, annonce fon prix par
les attraits de fa faveur; cependant on l'a rangé dans la
claffe des poifons.

Il plut autrefois au Sça-
vans de l'Arabie de le qualifier
ainfi; & d'après eux on a dit

enfuite qu'il échauffoit, qu'il étoit un cauftique dangereux, qu'il avoit des appas perfides, on n'a pas même diftingué l'excès de l'ufage ; mais fon prétendu tort eft d'être la plus agréable & la meilleure des fubftances. Les animaux indiquent par leurs geftes combien elle flatte leur goût, ils fe hâtent de la faifir dès qu'ils la rencontrent, & ils la dévorent comme s'ils étoient affamés. On voit jufqu'aux infectes, en être avides, c'eft un aimant qui les attire en foule. On pourroit découvrir bien des arbres dont la féve eft chargée de fucre par le nuage qu'ils forment fur leur écorce. Un objet defi- ré fi univerfellement, feroit-il pernicieux? non c'eft au con- traire un aliment utile.

A la Cochinchine on man- ge du fucre, au lieu de pain: l'élite des gardes de l'Empe- reur, fes trois cent plus beaux hommes, ont chacun trois livres de ce prétendu poifon dans la ration de leur jour- née, comme ce qui peut le mieux les nourrir. Les Négres marons ne vivent la plûpart du temps dans les bois que du sucre des cannes ; les abeilles occupées uniquement à enlever celui des fleurs ne recevant la vie qu'à cette fin, entretiennent du plus pur la Cour de leur Souveraine, & se nourrissent du reste. Ce qu'il y a de singulier, c'est que par une méprise plaisante, les Arabes modernes qui le condamnent, le mangent eux-mêmes, & le louent la plûpart du temps sans s'en douter ; les bons fruits dont ils ne craignent point de se rassasier, ne méritent des éloges que lorsqu'ils sont devenus si doux,

fi fucrés par une maturité ex-
quife qu'ils peuvent exactement tenir lieu de fucre.

Les expériences de ce mé-
moire, bien loin de faire foup-
çonner qu'il foit nuifible au
corps, démontrent au contraire que le corps en eft compofé
en partie ; il ne faut qu'un
peu d'eau & de feu pour re-
duire les chairs, ou toute autre
partie en un fyrop qui non-
feulement a la vifcofité de celui qu'on fait avec le fucre ;
mais encore fa propriété unique, de fe convertir en gelée.
Celle qu'on tire de la corne

de Cerf a même une telle conformité avec celle de pomme,
qu'il eſt difficile de ne les pas
confondre.

Bien plus, il n'y auroit pas
de digeſtion ſans cette ſubſtance. Comme c'eſt elle qui
ſubit cette fermentation dont
le vin & tant d'autres produits ſont les reſultats, c'eſt
elle auſſi qui peut ſe digerer
& ſe changer en humeur lai-
teuſe dans l'eſtomac en s'y mé-
tamorphoſant avec la même
facilité qu'elle le fait dans
les tonneaux, & produire en
parcourant les inteſtins, les

matériaux des fecrétions.

Cet exemple fuffit pour prouver que les préjugés peuvent écarter les hommes des loix de la nature, & les faire tomber dans mille erreurs au fujet des chofes les plus néceffaires à la vie. J'ai tâché dans cette differtation de donner quelques régles capables de diffiper une partie de ces préventions. Les alimens font fi utiles & fi néceffaires à l'homme, qu'il eft de la plus grande importance de remedier aux abus qui fe commettent tous les jours dans leur choix: l'objet de cette differtation eft donc un des points les plus impor- tans de l'économie animale ; la maniere dont je l'ai traité la rend auffi très - intéreffante pour la Chymie. Le régne ani- mal femble avoir été négligé par tous ceux qui fe font appli- qué à cette fcience ; c'eft ce- pendant un des plus nécef- faires à connoître. On trou- vera dans la feconde partie de ce mémoire, une fuite d'ex- périences qui pourront aider ceux qui veulent s'appliquer à cette partie de la Chymie &

une application des principes détaillés dans la premiere. Mon ouvrage eſt trop ſuccinct pour entrer dans tous les détails qu'éxigeroit un Traité ſur les Alimens; mais on y trouvera au moins des principes généraux qui pourront peut-être guider ſur un objet auſſi eſſentiel. Heureux ſi mes vœux ſont remplis!

FAUTE A CORRIGER.

Pag. 97, lig. 17 ; *Du Sucre*, liſez ; *Du Suc.*

TRAITÉ

TRAITÉ

PHYSIOLOGIQUE

ET

CHYMIQUE

SUR

LA NUTRITION.

LA queſtion qui donne lieu au diſcours ſuivant, eſt bien digne de la célèbre aſſemblée qui la propoſe. Il faut établir ſur de nouvelles expériences, en quoi conſiſte le véritable changement qu'éprouvent les alimens, tant

A

du régne végétal, que du régne animal, dans le ventricule & les inteſtins d'un corps ſain ; afin qu'il paroiſſe par-là, qu'elle eſt proprement la partie des alimens, qui ſe convertit en ſuc nouricier, comment cela s'exécute, & qu'elles ſont au contraire les parties des alimens, qui ne peuvent naturellement ſubir aucune digeſtion, ni ſervir à la nutrition du corps.

La ſubſtance qui fait croître l'animal, eſt d'autant plus intéreſſante à connoître, qu'elle opére dans les plantes, toutes les merveilles de leur végétation, & contribue à mille autres ouvrages de la nature. Douée de principes, dont la fermentation les ſoumet à des converſions infinies, elle fait éclore la ſemence par ſon travail, développe le germe, & attire une feve dans le tiſſu des végétaux, qui procure des fruits où elle ſe multiplie ; introduite dans le corps des animaux, elle s'aſſimile à lui, s'unit intimement à ſes parties, & ſe prête ſous elles à toutes les formes organiques poſſibles.

Lorſque le tems anéantit en la décompoſant, ſa faculté à l'organiſation ; ſes débris ſont encore l'origine d'autres êtres plus ſimples : il en naît des corps ſalins qui enrichiſſent la ſurface de la terre, & des eſprits qui donnent lieu à des combinaiſons qui la reproduiſent.

Une partie de ce diſcours ſera deſtinée à ſa démonſtration ; & l'autre à celle de ſon uſage dans la Nutrition.

A iij

PREMIERE PARTIE.

IL eſt évident que la matiere dont nos ſolides ont reçu leur accroiſſement, doit être la matiere nutritive exquiſe; en conſéquence, ſi l'examen démontre dans le régne végétal, quelque ſubſtance qui lui ſoit reſſemblante & identifique par ſes propriétés, ce ſera néceſſairement celle de la Nutrition; mais la premiere qu'il faut connoître pour cette comparaiſon, eſt celle des ſolides.

Les pas qu'on a fait pour y parvenir ſont grands; des expériences répétées ont démontré que la nature des ſolides de tous les animaux, étoit la même: & le Digeſteur de Papin, avec l'Analyſe des meilleurs Chymiſtes, ont déja établis cette

régle générale ; que les div rs
folides, foit de l'individu , foit
même de tout le régne animal ;
font compofés des mêmes principes , & ne différent entre eux
que par le dégré de confiftance :
car la digeftion en extrait une
gelée toujours uniforme , & le
feu en fépare toujours unifor-
mément les mêmes principes.

On n'excepte de cette régle
que les ongles , les écailles , les
plumes , & autres folides analogues, parce qu'ils font comme
étrangers , ou pour les déterminer d'une maniere plus pré-
cife , comme excrétionnels , (*a*)

____

(*a*) Sous ce feul point de vue , on voit
naître des rapports fi grands entre ces corps
finguliers, tels que la laine , les cheveux,
l'épiderme que les anatomiftes cherchent fi
vainement à connoître ; la foie même &
toutes ces productions analogues qu'ils rangent comme d'eux-mêmes dans les genres in-
féparables d'une feule claffe.

puifqu'ils fe détachent du corps
à mefure qu'ils croiffent ; qu'ils
fe perdent & fe renouvellent
fans que les autres fouffrent
d'altération. Ainfi il ne s'agit
que de déterminer la nature de
la gelée.

De la Gelée Animale.

L'expérience laiffant une liberté parfaite dans le choix de
toutes les gelées animales, mes
obfervations rouleront fur celle
qu'on extrait du veau : & fa
defcription fera celle de toutes
les autres vu leur parité.

Auffitôt que cette fubftance fe
refroidit, elle fe prend comme
un liquide qui fe congéle ; mais
fous cette forme glacée, elle
acquiert une confiftance molle
& flexible qui la rend bien différente de la glace, & beaucoup
plus encore, de la graiffe qui

peut y être mêlée ; car celle-ci s'en dégage à la surface en molécules figées & grumelées.

En cet état la gelée est transparente & ressemble à la corne ; elle est d'une odeur legere , & d'un goût presque insipide. Si on la presse contre les doigts, elle se fond , s'echappe comme de l'eau ; mais en continuant de l'exprimer , bientôt , on découvre une de ses propriétés essentielles ; l'humidité se dissipe, & laisse une colle qui forme des filets blanchâtres , tels que ceux du tissu cellullaire , lorsqu'on le déchire.

Si l'on en remplit un vase , & qu'on le frappe, on ne peut sans une surprise agréable , considérer les ondoyemens qu'elle forme , sur-tout si elle est coupée par morceaux , car le frémissement qui arrive à chacun d'eux ,

femble jouir encore de la pal-
pitation des chairs expirantes :
phénomène caractériftique dû à
la molefle de fa mafle, & à l'ad-
hérence de fes molécules ; puifque cette efpece d'élafticité change avec la confiftance.

Par ces obfervations, on ne
découvre que les propriétés qui
proviennent de fon aggrégation :
voici celles de fes élémens,
celles que l'action réciproque
des corps avec lefquels on la
combiné rend pofitives, fes affinités.

Les menftrues qui lui font
propies, font : l'eau, les corps
lymphatiques fucrés, gommeux,
caféeux, & en général tous
ceux qui, coagulables & vif-
queux comme elles, fe défignent
fous le nom générique de *corps
muqueux*.

Les graifles & les huiles fim-

ples n'ont aucune action fur
elle ; ils s'en féparent toujours.
L'efprit-de-vin auffi , il n'agit
que fur fon principe odorant ,
qui le rend amer & défagréable ;
quant à la partie vifqueufe , il la
coagule fi elle eft fous une forme liquide.

Les acides s'y uniffent s'ils
font foibles , on l'éprouve tous
les jours dans les offices ; & ils
la corrodent s'ils font concentrés , comme les Chymiftes ne
le démontrent que trop fouvent
fur eux-mêmes.

L'alkali fixe produit fur elle
des phénomènes trompeurs, qui
méritent par leur conféquence
d'être remarqués. Au moment
qu'on les combine, il s'éleve un
efprit urineux qui n'exiftoit point
auparavant , & qui vient de
l'action deftructive de l'alkali
fixe : cette deftruction bien de-

montrée a paru générale , &
c'eft-là l'erreur ; on eut vu , fi,
on l'eut fuivie , qu'en verfant
de l'eau froide fur le mélange ,
il fe dépofe peu après un *coa-*
gulum , qui a toutes les propriétés de la gelée , excepté
celles de fon principe odorant :
& que ce principe feul eft détruit ; ce qu'on a méconnu.

Pour m'affurer davantage que
l'efprit urineux n'étoit dû qu'au
principe odorant , je tentai l'expérience fur une efpece de gelée, dont ce principe eft évaporé
par la cuiffon ; c'eft celle qu'on
tire des pieds de bœuf qu'on
nomme colle forte. (*a*) L'alkali fixe , en effet , n'en fit point
élever d'alkali volalil , mais,

(*a*) Je me fuis toujours fervi d'alkali fixe ,
concret mettant pour dofe à-peu-près parties
égales.

seulement une odeur d'eau de chaux ; j'eus beau chauffer & rémuer la matiere, pour faciliter la réaction, mes soins ne firent que me confirmer cette vérité.

Je m'apperçus même en considérant la matiere, qu'au lieu d'une décomposition, j'opérois une solution & que l'alkali se confondoit avec la colle ; de plus retirant du feu cette nouvelle combinaison pour la refroidir, la belle transparence dont elle étoit alors, en m'engageant de la regarder au jour, me donna lieu d'observer un autre phénomène non moins démonstratif, c'est que de liquide la composition étoit devenue concrette, & formoit un *coagulum* gelatineux, qui se liquéfioit, & se prenoit à volonté, suivant le dégré de chaleur, de la même maniere que la gelée ; propriété

singuliere, qui prouve son in-
destruction, & qui peut servir
à la reconnoître & à la caractériser.

Le tems produit sur elle des
changemens qu'on ne remarque
que dans les mucilages épaissis:
elle entre en fermentation, pour
passer rapidement de l'état d'a-
cide, à l'état alkalin : & il n'est
personne qui ne sache comme le
bouillon s'altére aisément. Mais
le principe odorant, le seul qui
se déprave alors, jette encore
ici une illusion qu'on n'a pas
observée.

J'avois une grande quantité
de morceaux de gelée, qui
avoient subi jusqu'aux dernieres
nuances de cette putréfaction
apparente, ils avoient perdu
leur forme anguleuse, ils tom-
boient en colliquation, & l'eau
qui en découloit, puoit l'esprit

urineux : cependant dès que j'eus versé de l'esprit de vin sur cette eau puante, il s'en dégagea un *coagulum*, qui se trouva visqueux & gélatineux : en un mot, une vraie gelée qui n'avoit perdu que son goût & son odeur. (*a*) La partie visqueuse ne subit le même sort que long-tems après.

Peut-être qu'on cherche ici ce qu'est ce principe trompeur, qui se détruit avec tant de facilité ! Il me paroît qu'il est du genre de ceux qu'on nomme esprit dans les plantes, puisqu'il en a les principaux caracteres, comme

---

(*a*) Ce flux & reflux d'acidité & d'alkalescence, a sans doute causé l'erreur de cet Auteur moderne, qui s'étonnoit tant de rendre la fraîcheur à des chairs pourries, lorsqu'il les préservoit seulement de la décorruption. *Voyez essai pour servir à l'histoire de la putréfaction, à Paris Didot 1765.*

la mobilité, la délicateſſe, &
cette pénétration ſenſible au
goût & à l'odorat ; la gelée
n'étant ſans lui qu'une colle inſipide.

La diſtillation de la gelée eſt
trop connue pour entrer dans
des détails ſur cet article. Il ſuffit de rappeller qu'au dégré de
l'eau bouillante, il ne paſſe
qu'un phlegme inſipide, chargé
d'un principe odorant, inpondérable ; qu'au delà de ce dégré
de feu, s'élevent des vapeurs
alkalines & huileuſes, dont les
unes ſont légeres, volatiles, &
les autres péſantes, qu'il ſe ſublime enſuite de l'alkali volatil
concret, & qu'il ſe dégage une
quantité d'air immenſe.

On remarque encore dans la
cornue un charbon très-leger,
très-ſpongieux & ſans veſtige
d'alkalicité.

En rassemblant les divers phénomènes qu'a présenté la gelée,
on voit qu'elle se coagule,
qu'elle se prend comme une glace, mais comme une glace flexible : qu'elle ne s'unit point aux
corps gras, mais à tous ceux
qu'on nomme muqueux, qui sont
glutineux & solubles dans l'eau
comme elle.

A tous ceux qui sont aqueux,
aux menstrues acides affoiblis ;
aux alkalis, quelque concentrés
qu'ils soient, communiquant la
consistance gélatineuse à celui
qui est fixe, d'une façon singuliere.

Qu'elle subit les deux derniers
dégrés de la fermentation, &
que le feu en sépare, ou y crée
de l'alkali volatil de l'huile, &
beaucoup d'air. Cherchons dans
les végétaux qu'elle est la subs-

tance dont les phénomènes coïncident à ceux-là.

Des subſtances Végétales alimentaires.

Pour ſuivre une marche naturelle dans l'examen des ſubſtances alimentaires, tirées des végétaux, l'ordre exige de débuter par celles que la nature a ſi bien perfectionnées, que les animaux les trouvent toutes préparées pour leur nouriture. Ces ſubſtances occupent pour l'ordinaire les divers parties de la fructification ; elles ſont propres à faire du vin, elles le ſont auſſi à faire du pain, cela ne dépend que de la préparation, & ſont toutes de nature parfaitement ſemblable. Si leur identité eſt quelquefois méconnoiſſable, c'eſt ſeulement

lement à caufe des corps étrangers auxquels elles font com-
binées.

Comme avec les acides, dans
le citron, l'épine-vinette, & les
fruits verds, avec les huiles dans
les femences émulfives,

L'alkali volatil dans les cruci-
féres ; &c.

Mais l'efprit ardent qu'elles
donnent toutes dans leur fermentation, dont les propriétés
font fans aucune différence effentielle, quelque foit celle dont
on le tire, prouvent fans re-
plique leur parité.

Le miel & avec lui tous les
corps propres à produire cet efprit, fe placent d'après ce principe dans la claffe de ces fubftances, n'importe leur origine ;
celle-ci eft même fi pure, fi con-
centrée, graces aux foins des
abeilles, qui ne le dépofent dans

B

leur ruche lorsqu'elles l'ont enlevé du nectaire des fleurs , qu'après l'avoir sucé & élaboré par une espéce de digestion , qu'il nous serviroit d'exemple par cette raison , si le sucre plus parfait plus purifié encore , ne méritoit la préférence. Ce sera lui comme le meilleur modele dont la description servira, pour celle de toutes ces substances vinifiables, de tous ces corps qu'on appelle du nom générique de corps muqueux.

Du Sucre.

Le sucre parfait est sans odeur, il est brillant, crystallin, sous une forme concrette , diaphane s'il est dans une masse continue , & d'un goût trop connu pour en parler. Il se dissout aisément dans l'eau , & sous cette forme

il eſt doué d'une glutinoſité frap-
pante : on ſçait que par la cuiſ-
ſon, il devient d'une viſcoſité
qui égale celle de la colle.

Il s'unit intimement avec les
mucilages, les gommes, les gélatineux, les lymphatiques,
comme le blanc d'œuf, ou la
ſalive, avec tous les fruits murs,
& prend avec eux une figure &
une conſiſtance ſi conforme à
celle de la gelée animale, qu'en
cet état on les appelle du même
nom : c'eſt ainſi qu'on dit une
gelée de pomme ou une gelée
de groſeille.

Les acides en font une ſolution fort claire, lorſqu'ils ſont
étendus dans l'eau & le corrodent s'ils ſont concentrés,
comme ils corrodent la gelée.

Les alkalis le diſſolvent aſſez
bien, & la ſolution en eſt claire;
il prend auſſi avec l'alkali fixe,

B ij

quoique moins aifement cette confiltance gélatineufe, qui eft fi remarquable avec la gelée.

Les huiles & l'efprit-de-vin n'agiffent point fur lui : lorfque l'efprit-de-vin paroît le faire, c'eft par fon eau fuperflue; pour les huiles, c'eft par un corps intermédiaire, tel qu'un efprit aromatique : car celles qu'on nomme graffes, aidées même de la chaleur, bien loin de le diffoudre, le brûlent ; ainfi que je l'ai éprouvé avec l'huile d'olive.

Jufqu'ici une foule de rapports rapprochent le fucre, & avec lui tous les muqueux de la gelée. Ils affectent le même glutogélatineux ; ils ont les mêmes affinités, les mêmes antipathies, ils fe confondent : voyons fi les autres voyes de l'analyfe foutiendront cette parité.

La diftillation du fucre eft uni-

forme , elle ne donne que de
l'eau au dégré de l'eau bouillante ; à un feu plus fort , une
liqueur acide colorée par une
huile , dont tout le changement
par la fuite , eft de fe concentrer
& de fe colorer de plus en plus.
Mais celle de quelques autres
muqueux , offrent des différences à noter. (*a*)

La manne & le miel qui ont
un efprit odorant , le donnent à
la premiere eau qui diftile ;
d'ailleurs ils n'offrent aucun phénomène nouveau.

La gomme arabique , fi elle
eft nouvelle , donne auffi une
eau legere & gracieufe ; mais

(*a*) C'eft des précieufes leçons de M.
Rouelle , que je tire ces Obfervations ; rien
n'eft fi complet que les démonftrations de ce
grand homme , & je crois ne pouvoir mieux
enrichir cette partie de l'Analyfe.

elle préfente de plus une différence remarquable, c'eft qu'a-
vec l'acide il paffe quelques
gouttes d'huile qui furnagent. Le
feigle produit le même effet.

Dans la diftillation de tous ces
muqueux, ce qui s'opere dans
la cornue eft particulier : ils fe
gonflent fi prodigieufement (*a*),
& il s'en échappe une quantité
d'air fi étonnante, que c'eft un
art d'en éviter les dangers. Ces
rapports font les feuls qui les

(*a*) Les précautions de M. Rouelle à cet
égard, font trop bien vues, pour ne les pas
communiquer. Il laiffe tous les intermédes,
parceque, ou ils décompofent le fujet, ou
ils le brûlent en s'échauffant en raifon de
leur denfité. Il obvie au gonflement par des
vaftes cornues, par le peu de matiere qu'il y
met, & en ne pouffant le feu que, lorfqu'elle
eft déphlegmée : il ne fe fert que du feu nud,
dont on eft toujours maître avec de l'attention, & bannit le bain de fable, comme un
des plus perfide.

rapprochent ici avec ceux de la gelée : mais ils font essentiels & ils leurs font propres.

L'action du tems sur ces subs-tances muqueufes végétales, est digne de toute la curiosité d'un philosophe ; elle est l'origine d'une analyfe qu'on peut dire parfaite, elle produit mille mé-tamorphofes ; elle décele feule plus de mystères , que toutes les autres voyes de l'art , & les ca-ractérife.

Cette action du tems , est connue fous le nom de fermenta-tion ; elle a été obfervée par M. Rouelle , il l'a vue en homme fublime ; fes obfervations feront la fource , où je puiferai toutes les defcriptions fuivantes.

De la Fermentation.

Si l'on étend un corps muqueux végétal quelconque dans une quantité d'eau suffisante, ou plus simplement, qu'on prenne du moût, qu'on en remplisse un grand vase, on observe les phénomenes suivans : après quelque tems d'un parfait repos, la liqueur frémit & s'obscurcit : c'est le signal de la fermentation. Elle s'échauffe, se raréfie, elle devient opaque : on entend un sifflement & l'on voit des bulles s'élancer à la surface, ou quelquefois s'arrêter en chemin : il se dissipe des vapeurs aussi dangereuses & plus incoercibles que celle du souffre enflammé : (*a*) il se forme des flocons qui se heurtent par des collisions sans nombre,

______

(*a*) Beccher, Stalh, Boyle & M. Rouelle, n'ont pu les retenir, le dernier a même adopté vainement des chapiteaux & des serpentins chargés de glace.

&

& qui troublent tout-à-fait la liqueur : elle devient comme laiteuse, une odeur acide frappe l'odorat & quelques gouttes d'huile se présentent à la surface : alors elle est décomposée, elle va se changer en vin.

Si l'on saisit ce moment pour la mettre en distillation, on n'en retire qu'une huile essentielle, qui monte avec l'eau ; c'est cette huile que Glaubert appeloit l'ame du vin, dont il vantoit, suivant son langage ordinaire, les propriétés merveilleuses.

Cette crise étant achevée l'agitation & l'opacité diminuent ; une odeur vineuse prend la place de l'odeur acide ; une partie des floccons couvre la surface supérieure, l'autre partie l'inférieure, ce sont deux espèces de lie, & les parois du tonneau se tapissent d'une croute saline nommée Tartre. A mesure que les nouvelles combinaisons se forment, le trouble de la liqueur diminue, & il paroit enfin cesser entierement : mais un mouvement insensible l'agite encore, puisqu'il n'y a que le premier degré de la fermentation qui soit achevé alors ; changée en vin, on en tire un esprit ardent par la distillation.

La marche de la nature pour produire cet esprit, est bien remarquable, soit par le développement des substances, qui y cooperent, soit par la longue atténuation qu'elles souffrent. Il paroit qu'il est formé par l'acide qui s'est fait sentir dès le commencement, & par l'huile essentielle, qui s'est dégagée ensuite, après avoir été subtilisée par une collision mille & mille fois

répétée. Cette suppofition paroit prouvée par fa digeftion avec
l'alkali-fixe, qui en fépare une
huile légere, & un acide qui,
s'uniffant avec lui, donne lieu à
de beaux cryftaux.

La création de cet efprit caufe
ce changement d'état, où renait
la tranfparence de la liqueur,
& où le calme fe rétablit : à mé-
fure qu'il fe forme, il s'unit à
l'eau, & en précipite le tartre
& la lie, qui y caufoient l'opacité. Il eft inutile de parler de
ces deux dernieres fubftances : on
les connoit trop bien. Je remar-
querai feulement qu'outre l'alkali fixe tout fait, que la lie contient (*a*) comme celui du tartre,

---

(*a*) On fait que pour obtenir l'alkali-fixe
de la cendre gravelée qui n'eft que de la lie
brulée, on eft obligé pour l'avoir pur d'en
faire cryftallifer le tartre vitriolé.

C ij

elle donne encore du tartre vitriolé, ce qui me femble d'une
grande conféquence.

Je paffe au fecond dégré de la
fermentation : fi l'on tire le vin
de ce repos dont il paroit jouir,
qu'on l'échauffe, qu'on le trouble, qu'on le remue fur fa lie; il
reprend les matieres qu'il avoit
dépofées; la liqueur en eft troublée, elle fe décompofe une feconde fois. Une partie fe combi-
nant avec l'efprit-de-vin, forme
une nouvelle liqueur acide qu'on
nomme vinaigre, & l'autre s'u-
niffant aux molécules terreufes,
forme deux efpèces de lie, en
raifon de la nature des huiles.
L'une de ces lies prefque toute
huileufe furnage & brûle comme dē la couëne, l'autre plus
groffiere fe dépofe fur les parois
du fond.

Sans doute que l'huile effen-

tielle du vin eft la caufe détermi-
nante de cette feconde métamor-
phofe ; compofée de principes
qui s'altérent aifement , elle eft
décompofée, ou par la nouvelle
agitation qu'on communique à la
liqueur, ou par la chaleur qu'on
excite ; ou par fa feule délica-
teffe , vu que les effences font la
corruptibilité même : alors elle
lache prife dans fes anciens compofés ; par-là tous les acides fe
développent pour fe réunir en un
feul, qui eft le vinaigre ; & les
huiles fuivant les loix de leurs
affinités , s'uniffant à des corps
plus ou moins terreux , forment
ces deux lies. L'huile de l'efprit-
de-vin échappe feule à la deftruction ; parce que l'efprit-de-vin
lui même fe combine avec les
acides pour faire le vinaigre (*a*)

(*a*) M. Rouelle fait un vinaigre artificiel

qu'il caractérise , & dont il fait toute la vertu.

Si l'on foumet le vinaigre à la diftillation ; fon acide paffe limpide dans le recipient , & l'on a pour réfidu un mélange de tartre, de la partie colorante & d'une huile empyreumatique. Lorfque les Chymiftes ont trouvé une analyfe différente , c'eft par erreur : fi les uns diftillant un vinaigre mucilagineux, comme celui de bierre , on dit que les premieres gouttes étoient un fimple phlegme , & les autres prenant un vinaigre imparfait, encore vineux , que c'étoit de l'efprit-de-vin ; on voit que tous également devoient s'éloigner de la vérité ; chacun en raifon des défauts du vinaigre qu'il employoit. Celui

____

au moyen d'un acide minéral & de l'efprit-de-vin , qui imite le naturel à s'y tromper.

qui est parfait ne donne que de l'acide , & même un acide essentiel dans les premieres gouttes , (*a*) puisque l'action réactive du feu , ne peut les avoir dénaturées.

Le dégré de la fermentation qui développe les acides , n'est pas le dernier : si l'on laisse les tonneaux en vuidange, il en survient un encore qui détruit tout. La liqueur acéteuse s'altére ; la partie colorante qui s'étoit conservée dégénere aussi , elle se putrefie, & forme ce qu'on nomme les fleurs. L'esprit-de-vin du vinaigre seul inaltérable , reste noyé dans l'eau insipide, que la putréfaction dégage de toutes ces substances : M. Rouelle n'a jamais pû le putrefier. Pendant cette décomposition , il se dissipe une par-

______

(*a*) Cassius s'en servoit pour certaines dissolutions d'or.

tie subtile, invisible, & acide sans doute, puisqu'en l'unissant aux vapeurs de l'alkali volatil, toutes deux deviennent visibles.

A ce troisiéme dégré de la fermentation tous les composés du corps muqueux s'anéantissent ; ces mixtes grossiers sont reduits en terre, ses mixtes subtils dissipés se résolvent dans l'air, & chacun de ses principes rentre dans son élement. (*a*)

(*a*) Il est tout-à-fait important, de remarquer cette décomposition complette des corps susceptibles de la fermentation, lorsqu'ils sont arrivés à ce troisiéme dégré, car cette observation sert à apprécier les systêmes des anciens philosophes, sur la Nutrition, l'accroissement & la génération, des êtres organisés ; tous fondés sur l'indestructibilité de la matiere alimentaire, qui est celle qui fermente ainsi.

On voit dans Lucrece, qu'Anaxagore s'imaginoit que cela se faisoit par une assimilation des particules organiques imperceptibles dont il y avoit autant d'espèces, que de parties organisées & même que d'humeurs, qui deve-

Les phenomènes de ce développement putride , ſont communs à tous corps organiſés , ou
à leurs productions : ils ſont tous

---

noient ſenſibles & maſſives par leur réunion ; ce
qu'il déſignoit par le nom d'homœomérie.

(*a*) Nunc & Anaxagoræ ſcrutemur homœomeriam.....
 Principium rerum quam dicit homœomeriam ;
 Oſſa videlicet & pauxillis atque minutis,
 Viſceribus viſcus gigni ſanguenque creari,
 Sanguinis inter ſe multis coeuntibus guttis.

Ce ſyſtême eſt auſſi expoſé par Plutarque, *de
plac. philoſ.* l. 1 , c. 3 , où il eſt beaucoup plus
circonſtancié.

A l'égard des autres grands hommes de l'an-
tiquité , il eſt poſſible qu'on n'ait pas ſaiſi l'eſprit de leurs principes , & qu'ils euſſent à cet
égard des idées plus juſtes qu'on ne penſe, telle
eſt l'opinion d'Empedocle , qui ne parle que
de convenance, de ſubſtance pour la Nutrition.
*Empedocles ait , animalia nutriri quidem ,
ex accommodati ſibique convenientiſ cibi ſub-
ſtantia.*

On trouve l'expoſition de tous ces ſyſtêmes
dans les recherches, ſur l'origine des découvertes attribuées aux modernes: à paris chez la veu-
ve Ducheſne 1766.

(*a*) L. 1, V. 830 & 835.

foumis à cette réaction annihila-
toire ; mais les autres dégrés de
la fermentation font propres à
cette feule fubftance muqueufe
végétale, qu'on peut transformer
en glu ou en gelée, fuivant les
proportions du phlégme.

La gomme, les mucilages, les
farineux, & tous les corps fuf-
ceptibles de cette confiftance glu-
togélatineufe, ont tous fermenté
& produit de même un efprit
ardent, lorfque M. Rouelle les
a étendus dans une quantité d'eau
fuffifante, qu'il leur a ajouté du
ferment, fi la réaction étoit trop
tardive, & qu'il les a placés dans
des lieux convenables. Mais ce
développement tout propre qu'il
eft à ce corps, ne l'eft cependant
qu'en raifon de circonftances,
que les feules loix phyfiques ne
réuniffent jamais ; il n'eft point
tel à l'ordinaire, & cette fermen-

tation n'eſt pas celle de la nature.
Tant que les molécules muqueu-
ſes ne ſont pas réunies en une
ſeule maſſe, qu'elles n'occupent
pas un grand eſpace, & que le
vaſe, ou le lieu ne conviennent
pas ; ces molécules ne fermentent
point, ou elles paſſent bruſque-
ment de l'état d'aigreur à celui
de putridité, ſans donner aucun
veſtige d'eſprit ardent ; ſembla-
bles alors à de la gelée animale.
Or la nature bien loin de chercher à remplir ces conditions re-
quiſes, les a aucontraire évitées
par-tout.

Dans les végétaux, elle a diſtri-
bué cette ſubſtance entre les lames d'un tiſſu cellulaire ſerré,
qui interrompent ſans ceſſe ſa
continuité, & ne lui laiſſent de
communication que par des pores,
ou des tuyaux capillaires : de
même dans les ruches, les abeil-

les (*a*) ont si bien mésuré les alvéoles, qu'assez grandes pour con-
tenir la provision du miel, elles
ne le sont pourtant pas assez pour
en permettre la fermentation : &
si quelqu'accident fait suinter la
féve, ou écouler le miel faute de
vaisseau pour les recevoir ; l'aggrégation de la matiere, fut-elle
convenable alors, n'est pas moins
inutile. Enfin si la grande analogie des muqueux des deux reg-
nes, qui souvent les fait confondre dans la voye des combinaisons, & qui semble manquer ici
absolument, n'est trouvée en dé-

(*a*) Ne doit-on pas excuser Paracelse qui
trouvoit ces infectes presqu'aussi sages que les
hommes. Leurs alvéoles par la physico-mathé-
matique qui y brille, extasient autant les géo-
métres que les chymistes, l'ordre de leur gou-
vernement est peut-être plus sublime encore
aux yeux des politiques, & leur miel est déli-
cieux.

faut, que dans ce développement spiritueux, dont l'art seul est l'auteur, comme il n'est pas prouvé que ce même art ne puisse y remedier par quelques corrections, il n'est point prouvé non plus qu'ici l'analogie manque si absolument.

D'ailleurs si la gradation de toutes les métamorphoses du moût est étonnante ; s'il en nait mille êtres nouveaux : des esprits, des huiles légeres & pesantes, des alkalis fixes & volatils, des acides qui renferment peut-être tous les autres, car entre celui de l'esprit-de-vin, & celui du tartre vitriolé, il y a une distance infinie : de même la gelée dans la digestion produit des substances nouvelles, par une progression non moins surprenante : elle offre aussi des acides, des huiles, des esprits, des terres d'un caractere alkalin, & n'est pas moins créative.

Mais pour se décider tout-à-fait; voyons si les autres substances végétales ont dans leur parallele avec la gelée des rapports & un caractere aussi marqués.

De la partie Colorante du Vin.

La partie colorante du vin, est liée de si prés à la substance que nous quittons, elle est d'ailleurs dans tant de corps, que je ne saurois poursuivre par d'autres.

Le raisin n'est point coloré par-tout également, sa couleur rencontrée à la surface est étrangere à la substance intérieure, & son siége est dans la pellicule qui l'enveloppe ; ensorte que pour faire du vin très blanc avec le raisin noir, il ne faut que dégager le moût de la pellicule dès qu'il est pressé, & éviter cette macération nommée cuvage, qui en extrait la noirceur.

Cette partie colorante joue un

grand rôle dans le vin ; on l'y diftingue dans l'arriere goût, après l'efprit & le tartre, elle en fait connoître l'origine, par le goût de terroir dont elle eft l'auteur ; fans elle le vin n'a point de goût propre, mais feulement plus ou moins de feu, ou de force ; c'eft-elle qui variant autant que les climats & les terres, en modifie la faveur ; l'art myftérieux d'imiter les vins & de leur donner un goût, quelconque, dépend entiérement d'elle, il ne confifte qu'à y introduire cette fubftance, en l'extrayant de quelqu'autre, ou plus fimplement d'en faire un heureux mélange, c'eft le cas, dit-on, de ceux de Bordeaux ; mais l'avantage effentiel qu'en retirent les vins, c'eft d'en être confervés, d'en être rendus plus durables : parce que cette fubftance n'entrant pas en

fermentation dans les deux premiers dégrés, & y reſtant toujours ſuſpendue uniformement ;
ſes molécules mettent un obſtacle
à la réaction de celle du vin, en
s'y interpoſant par - tout. C'eſt
pourquoi les vins qui en ſont
chargés, tels que ceux de Bordeaux, durent très long - tems,
& ſont les plus propres à paſſer
les mers. L'on ſait auſſi qu'on ne
conſerve la bierre que par le hou-
blon, dont la partie qui ſert à la
bierre, en eſt une eſpéce. Cette
matiere eſt ſoluble dans une infinité de menſtrues, on a vû qu'elle
l'étoit dans le moût, dans le vin,
dans le vinaigre, puiſqu'elle y
reſtoit ſuſpendue uniformement :
elle l'eſt auſſi dans l'eau & dans
l'eſprit-de-vin ; car on l'extrait
également avec ces deux ſubſtances, des réſidus dont elle peut
faire partie ; elle l'eſt de même
dans

dans tous les huileux & bien différente des muqueux par cette
solubilité; elle s'en éloigne encore par sa combustion , qui la
rapproche beaucoup des résines
(*a*) je ne l'ai remarqué que dans
les raisins , mais elle se trouve
dans bien d'autres parties des végétaux , & même , dans la plûpart de celles des animaux; on
verra que les physiologistes l'ont
tout-à-fait méconnue dans le
sang , dont elle fait la rougeur.

Par sa couleur elle fournit beaucoup de matériaux à la teinture ,
& par sa solubilité , elle est très-
essentielle dans la médecine : car
elle passe jusques dans les secon-
des voies , où ses vertus spécifiques se développent. L'aloës

____

(*a*) M. Rouelle l'appelle par cette raison
extracto-résineux.

D

& la myrrhe en font des exemples frappans.

Une fubftance auffi aifée à reconnoître n'a pu être reconnue
des bons obfervateurs, auffi n'é-
chappa-t'elle pas à la fagacité du
favant Becker, qui la regarda
comme la fubftance moyenne du
vin ; mais les regards de **M.**
Rouelle, l'ont diftingué par-tout
& fes expériences l'ont rendue
palpable. Il eft évident qu'elle
n'eft pas d'un ufage effentiel pour
la Nutrition, puifqu'elle ne fe
décompofe qu'en fe pouriffant,
& que d'ailleurs fa quantité ne
pourroit y fuffire ; ainfi je paffe
aux autres matieres alimentaires.

Peut-être me fuis-je trop étendu fur fon fujet ; mais l'utilité acceffoire dont elle eft, le jour
qu'elle peut jetter fur les fecrétions des animaux, m'ont enga-

gé à n'en pas trop serrer les li-
mites.

Des Substances Oléagineuses.

Lorsqu'on perd de vue les corps
glutogélatineux, & qu'on passe
aux autres substances alimentaires ; on ne voit point sans quelque surprise, qu'à peine il en reste
quelqu'une qui puisse seulement
par sa quantité servir à la Nutrition. Le regne végetal semble
épuisé : on ne remarque plus que
ces corps huileux contenus dans
les semences émulsives, qui fas-
sent un objet sensible ; c'est donc
par eux qu'il faut poursuivre nos
recherches.

Lorsqu'on les a dégagés de ces
semences par l'expression, qu'on
les a privés de toute matiere hétérogene ; ils sont sans odeur sensible, sans saveur, d'une douceur

extrême au toucher : & d'une tranfparence fi moëlleufe qu'ils paroiffent encore plus doux à l'œil.

Ces huiles dans la voie des combinaifons , ne démontrent aucune affinité avec l'eau; elles y font aucontraire immifcibles. On peut bien par la trituration, ou par la confufion de leurs vapeurs les mêler, & les tenir divifées ; mais ce n'eft jamais qu'une fuf-penfion fans durée. Il en eft de même avec l'efprit-de-vin, & avec l'éther , qui n'attaque pas même les huiles (*a*) effentielles. Mais elles s'uniffent au mieux avec les effences , les beaumes ,

---

(*a*) Je fuis pourtant venu à bout de cette combinaifon. Mon fecret eft de mêler l'éther avec une eau aromatique, de le verfer enfuite fur une diffolution d'huile effentielle dans l'ef-prit-de-vin, ce qui caufe une double décompo-fition , où l'éther change de place & s'unit à l'huile ; l'efprit aromatique prend auffi quel-que part à cette compofition, les réfines & tous les individus de ce genre.

Les alkalis les diffolvent , tout le monde connoît ce mélange fous le nom de favon ; mais beaucoup de gens ignorent qu'il ne doit la fermeté qu'il a chez le marchand qu'au fel marin, & fans lui il eft tout à fait mollaffe , ce qui eft affez fingulier. (a) Sans doute qu'on prend affez garde fans que je le faffe remarquer ; combien cette combinaifon diffère de celle des muqueux avec ce même alkali , laquelle limpide & gelatineufe s'opére en un inftant par la feule voie de la chaleur ; tandis que le favon quoique louche & mal diffous ne fe fait qu'à force de trituration.

Les acides concentrés s'y unif-

___

(a) Ce qui ne l'eft pas moins, c'eft qu'il foit foluble dans l'efprit-de-vin

fent avec une rapidité & une effer-
vefcence terrible: on fçait que par
l'effet de léur réaction, ces corps
paffant en un inftant de l'état
bitumineux à celui de charbon
ardent, s'enflamment avec impe-
tuofité.

Les vapeurs des acides les pénétrent en leur donnant une confiftance fébacée ; mais fi l'on couvre
d'huile d'olive celles de l'efprit-
de-nitre, lorfqu'il diffout un métal
chargé de phlogiftique, outre
cette confiftance, il devient écu-
meux.

Les acides trop foibles n'agiffent pas fur elles : leur action eft
en raifon inverfe du phlegme.

Jufqu'ici les rapports des huiles
avec ceux de la gelée font tout
oppofés, le feul qui leur foit
commun c'eft de n'être pas foluble dans l'efprit-de-vin : bien loin
d'avoir comme les muqueux, une

affinité intime avec elle , leur antipathie eſt marquée , & dans leur combinaiſon avec les mêmes corps , ils preſentent des phéno-menes tous différens : on ne ſçau-roit donc leur trouver d'analogie par cette voie : en eſt-il d'avan-tage dans celle de la diſtillation? Le premier coup d'œil les rap-proche , mais la réflexion les éloi-gne beaucoup.

Ces huiles au dégré de l'eau bouillante , ne donnent rien , en augmentant le feu , il paſſe du phlegme , un peu d'acide , & de l'huile enſuite : ſi l'on ſe ſert de celle d'olive , l'huile paſſe figée (a) mais on la rend fluide en la rediſtillant. Le réſidu eſt un petit charbon.

Par la rectification on augmen-mente leur fluidité , & cela d'au-tant plus qu'on la répéte plus

____
(a) Elle a une odeur de cire.

fouvent : à chaque fois on produit un peu de charbon, & cette opération uniforme dure jufqu'à l'épuifement de la matiere.

Dans cette analyfe la féparation d'acide & d'huile qu'elles fouffrent, eft évidemment leur feule analogie avec celle des muqueux mais elle a une certaine apparence qui pourroit en impofer & paroître difficile à renverfer : auffi je prie qu'on péfe les confidérations fuivantes.

Les huiles quoique diftillées, font toujours des huiles, les rectifications répétées ne leur caufent que de l'atténuation, qu'un peu plus de volatilité & de liquidité. Elles ne laiffent dans la cornue que la partie d'elles mêmes la plus groffiere, celle dont la réaction a réuni les principes falins & ignés : en forte qu'on ne leur caufe pas une décompofition

mais

mais une perte ; & qu'elles con-
fervent leurs propriétés. Qu'on
fe rappelle à préfent, la même
analyfe fur la gelée, ce débris de
fubftances aériennes, terreftres,
acides & huileufes qui font chacunes bien éloignées d'avoir les
propriétés de leur origine, cette
vraie deftruction; & je crois qu'on
ceffera de leur trouver aucune
parité. On voit auffi que les muqueux végétaux fe rapprochent
toujours plus des autres par la
raifon contraire.

L'action du tems produit fur
ces huiles des phénoménes affez
analogues à ceux de la diftillation: elle les fait fermenter ; mais
dans le premier dégré de leur
dépravation, c'eft une ranciffure
qu'on peut enlever en diftillant,
& dans le fecond c'eft une putréfaction qui eft commune à toutes les parties des végétaux : ainfi

elles ne se rapprochent pas mieux
de la gelée par la fermentation.

Des Huiles Essentielles.

Si les huiles grasses sont insuffi-
santes pour subsanter les animaux,
ne fut - ce que par leur disette,
il suit clairement de cette même
cause que les huiles dites essentielles ont encore bien moins ce
pouvoir , & qu'on seroit en droit
de les passer sous silence ; ainsi
que les beaumes, les résines , &
tous les corps de cette trempe.
On pourroit par cette exclusion
qui laisse aux seuls glutogélatineux , la faculté de nourrir, ne
s'arrêter que sur les conséquences
qu'on en doit tirer : mais il peut
encore s'élever des doutes. Il est
possible, par exemple, qu'il existe
quelqu'autre substance, qui unie
aux huiles les rende nutritives ;

ou bien que la gelée même ne
soit qu'une combinaison pareille:
il faut donc pour s'en éclaircir,
poursuivre l'examen des autres
substances alimentaires , & ce
doit être naturellement par les
huiles essentielles.

L'histoire de ces essences, est
moins leur propre histoire , que
celle d'un principe subtil, souvent
incommensurable qui fait toute
leur vertu : car là comme par-tout
ailleurs , la nature pour animer les
masses n'employe que des atomes,
mais où elle accumule toutes ses
forces.

Un grand nombre de plantes
& même la classe entiere des
labiées contiennent ces espéces
d'huiles; on les reconnoît aussi-tôt
qu'on les froisse à leur odeur qui
s'émane des vesicules écrasées où
elles étoient contenues. Si l'on
distille une de ces plantes avec

l'appareil ordinaire, & qu'on lui fasse éprouver un dégré de feu moyen, entre celui de la glace & celui de l'eau bouillante, on observe les phénomènes suivans. Il passe à ce degré une eau mobile, qui emporte toute l'odeur de sa plante, & l'on n'a pas une goutte d'huile. Si on augmente le feu jusqu'à l'ébullition du bain-marie, il passe cette eau odorante, mais de plus une huile de même odeur.

Si l'on met la plante dans l'eau même bouillante, on retire beaucoup de cette huile & très peu de l'eau.

Si on ne la met que lorsque toute l'eau odorante est dissipée, pour lors on ne retire plus une seule goutte d'huile. C'est donc à cet esprit, cet être du parfum, que l'huile essentielle doit sa légereté dans la distillation, puisqu'il en vient plus ou moins en raifon inverfe de celle de cet efprit. Mais elle lui doit auffi en partie fa liquidité ; car fi l'on donne à ces huiles , un feu tel que l'efprit feul s'en diffipe, elles prennent de la confiftance à proportion de cette diffipation , & paroiffent fous la forme de beaumes & de réfines ; M. Rouelle le démontre , en rendant l'efprit à ces corps , qui reprennent par là leur liquidité. C'eft donc à cet efprit effentiel qu'il faut s'attacher , puifque fans lui , les huiles deviennent ordinaires.

De l'Efprit Effentiel.

Tous les êtres doués d'organes, quelques uns même des minéraux , ont une émanation de molécules particulieres à chacun d'eux; mais qui dans tous eft d'une volatilité extrême, c'eft ce qu'on

nomme leur efprit. Ces molécules fouvent infenfibles à l'odorat,
feroient douter de leur exiftence,
fans les fuites funeftes qui ne les
démontrent que trop : comme on
en a des exemples dans les diverfes
efpéces de Belladona ; & fingu-
lierement dans le Toxicoden-
dron, (*a*) dont les Chinois ne
fe garantiffent quand ils s'en fervent, que par des précautions
extrêmes.

L'émanation de celles dont l'o-
deur eft fenfible, n'eft pas fi perfide ; & l'inftinct des animaux ne
s'y trompe jamais. Celles-ci ne
font pas fi impalpables, & l'efprit de la plûpart, fur-tout des
aromatiques, fe peut péfer &

(*a*) Tout leur corps eft couvert, & l'air
qu'ils refpirent vient derriere eux de très loin,
au moyen d'un mafque fait exprès.

mesurer. Les autres font des vrais infiniment petits.

Pour l'ordinaire cet esprit est placé dans des Véficules, avec l'huile essentielle. Mais il ne l'est pas toujours, & cela trompe beaucoup de distillateurs. Ils cherchent une essence dans les plantes qui leur en promettent de loin par leur parfum, comme dans les liliacées ; & ils choisissent justement celles qui en ont le moins ; parce que cet esprit ne se dissipe que faute de l'un : par une raison contraire, il faut que ces émanations délicieuses de l'isle de Ceylan, qui en annoncent l'approche aux voyageurs, lorsqu'ils sont encore à plusieurs lieux en mer, ne viennent point immédiatement de la nature, mais du travail des Hollandois : car le cannelier qui en est la source, ne peut répandre son esprit, ainsi que toutes les autres efpéces de lauriers , que lorfqu'on bleffe les véficules huileufes, où il eft engagé.

On obtient aifément cet efprit par la diftillation , mais on le détruit auffi fort facilement ; pour peu qu'on pouffe trop le feu , ou qu'on n'entende pas fon régime, on caufe une réaction dans fes principes , qui le met hors d'état d'être confervé : c'étoit fûrement la caufe de la prompte altération de l'efprit de romarin fait par M. Boerhaave ; car M. Rouelle en a diftillé, qui bien loin d'être gâté au bout de l'année comme l'autre , fe conferve depuis plus de quinze ans fans avoir perdu de fa force, n'y dépofé de fédiment.

Si l'on cohobe cet efprit fur de nouvelles plantes , & qu'on répéte cette opération plufieurs fois : les principes odorans en font concentrés, & de gracieux & balfamiques, ils deviennent infoutenables. Par ce procédé l'eau de Jafmin eft rendue plus puante que la charogne.

L'action du tems détruit auffi très aifément la connexion de fes principes, il devient même un ferment de putréfaction dans les huiles ; comme on l'éprouve dans celle d'olives où l'on a fait entrer l'efprit de jafmin ; cela hâte fi fort fa décompofition, qu'elle eft gatée à la moitié de fon terme, au bout de onze à douze mois.

Cet efprit effentiel s'unit à beaucoup de corps, fi les huiles s'en impreignent ; les graines, l'efprit-de-vin, le fucre, l'eau s'en chargent auffi ; & l'éther entr'autres, ce qui fait une combinaifon nouvelle, & précieufe dont j'ai éprouvé les bons effets sur moi-même : cet esprit dans ces diverses unions, devient un interméde , qui rend ces divers corps solubles les uns dans les autres.

Il n'est pas difficile d'imaginer , puisqu'il a seul toutes les vertus qu'on remarque dans les huiles , qu'il doit être le principe mystérieux des liqueurs fines , & celui des spécifiques aromatiques ; car là où l'huile essentielle racle & irrite le gosier, ou cautérise les membranes de l'estomac en y adhérant ; l'esprit employé seul, flatte sans déchirer , & fait tout le bien sans le mal. Mais on ne trouve rien dans ces mêmes vertus , qui contribue à donner aux huiles le caractere des muqueux : elles ne deviennent volatiles , pénétrantes , solubles même avec le sucre , com-

me on le voit dans l'Oleo faccha-
rum ; mais elles reprennent leurs
premieres qualités au plus léger
dégré de feu, elles s'en féparent
avec une facilité extrême : &
n'en font pas mieux mifcibles à
l'eau. Il faut donc chercher fi
quelqu'autre fubftance remplit
mieux cette fonction.

Des Subftances Co-extractives.

Les Pharmaciens ont confondu
fous le même nom d'extrait, des
corps tous différens ; fur-tout
deux fubftances, qu'on trouve
fouvent réunies, qui font toutes
deux colorées; l'une eft cette partie extractive foluble dans tant
de menftrues, qui colore le vin
& dont nous avons déja parlé ;
l'autre eft auffi extractive, mais
feulement par l'eau, ce qui donne des moyens bien aifés, de la

diſtinguer. Le Gayac en fournit un exemple; lorſqu'on en a épuiſé toute la teinture qu'en peut tirer l'eſprit-de-vin, il reſte encore une partie extractive par l'eau, & c'eſt celle dont nous parlons.

Elle entre pour beaucoup dans la flamme, que produiſent les plantes par la combuſtion : car lorſqu'on met bruler le romarin, après avoir épuiſé celle qu'il contient de façon que l'eau n'en reçoit plus de ſaveur par la décoction; a peine alors jette-il quelque flamme : ce qui explique la cauſe de la déperdition des bois qui ont ſouffert le flottage : dont l'eau enléve cette matiere aquo-extractive, qui fait en eux ſinon le principal, du moins une grande partie de l'aliment du feu.

Cette matiere eſt différente par le goût & par la ſaveur autant que les divers individus, où elle naît :

noire dans le romarin , verte dans la fumeterre , brunâtre dans l'écorce de (*a*) quinquina , car le prétendu fel qu'on en tire à la façon de M. de la Guaraye , n'eft que cet aquo-extractif deffèché. Elle a mille variétés accidentelles ; mais elle eft toujours conftante dans fes propriétés pofitives , toujours foluble dans l'eau , toujours inflammable , toujours donnant de l'acide , de l'huile dans fa diftillation , & de l'alkali fixe dans fes cendres.

La lâche connexion de fes principes pourroit auffi fervir à la caractérifer ; elle eft fi facile à décompofer , qu'on ne peut la purifier fans la détruire. A chaque

---

(*a*) Cet exemple eft inexact , ce faux fel eft foluble dans l'efprit-de-vin, & fait une troifieme efpece de matiere extractive.

fois qu'on paſſe ſa diſſolution ſur le filtre, il s'y dépoſe de la terre il s'en forme même beaucoup dès la premiere , & elle ſe réduit toute ainſi , à proportion qu'on pouſſe les purifications : d'où l'on voit le cas qu'on doit faire de celles des Pharmaciens , qui y prennent tant de ſoins.

Il eſt, je penſe inutile de vouloir prouver que ces ſubſtances co-extractives puiſſent être nutritives, ou le devenir par leur mêlange avec les huiles : elles ſont elles-mêmes trop huileuſes, ou plutôt trop réſineuſes, (a) pour en corriger les défauts, & d'ailleurs leur grande impoſſibi-

---

(a) Comme cette matiere verte qui couvre la ſurface de toutes les parties herbacées, matiere d'une nature ſi réſineuſe , qu'elle brûle comme les réſines, & le diſſout dans les mêmes menſtrues.

lité, c'est de n'être pas dans une quantité fuffifante, pour fervir à cet ufage. Les mêmes raifons excluent les autres fubftances, qui peuvent encore fe trouver dans les alimens, & laiffent aux muqueux feuls ce grand privilége. Je pafferois immédiatement aux conféquences qui fuivent de toutes ces obfervations, fans quelques queftions fur la nature du corps muqueux qu'il eft effentiel de réfoudre auparavant.

Queftions fur le Corps Muqueux.

Si le corps muqueux eft la feule partie nourriffante des alimens, que tous les autres en modifient feulement l'uniformité, & que les oléagineux foient infuffifants pour fubftanter, foit lorfqu'on les confidére féparément, ou qu'on les confidére en combinaifon; qu'elle eſt donc la compoſition de cette ſubſtance nutritive, & pourquoi fournit-elle de l'huile ? Cette queſtion importante n'en ſeroit point une, s'il falloit s'en tenir à la déciſion du célébre Sthal, & peut-être à celles d'autres grands hommes qui penſent d'après lui que le muqueux eſt compoſé d'huile & d'acide : mais comme la définition de ce chymiſte immortel (*a*) telle qu'on la lit dans ſa théorie de la fermentation, ne me paroît point juſte, j'oſerai propoſer mes idées & là diſcuter.

» La fermentation, dit Sthal, » eſt ce mouvement par lequel des

______

(*a*) T. de F. ch. 2. *Fermentatio eſt numeroſiſ-ſimarum molecularum ex ſale, oleo, & terrâ (non intimè quidem & firmiſſimè, aliquatenùs tamen) connexarum motùs per fluidum aqueum, colliſorius & attritorius, quo nexus..... ſenſim labefactatur.*

molécules

» moécules innombrables, com-
» poséesde sel, d'huile, & de ter-
» res liées entr'elles, non intime-
» ment, ni strictement, mais d'une
» certaine maniere, se heurtent &c.

Ce qui choque d'abord dans
cette définition; c'est la connec-
tion lâche dont Sthal suppose les
molécules liées entr'elles ; mais
comme ce n'étoit pas toujours sa
façon de penser, qu'ailleurs il la
peint bien différente; pour ne pas
s'arrêter à combattre cette opinion, je n'ai qu'à le citer lui-même : chapitre 4.

» Le moût récent est une li-
» queur diaphâne & uniforme,
» où il est si difficile d'apperçevoir
» le moindre vestige d'huile qu'on
» le prendroit pour une vraie
» dissolution saline. Le sucre fait
» une liqueur des plus limpides &
» des plus uniformes lorsqu'il est
» dissout & clarifié.

F

On pourroit ajouter qu'il ne dépose point , & fait de grands cryſtaux, mais il eſt inutile d'en dire davantage, je remarque ſeulement que cette définition ſemble faite exprès , pour ce co-extractif aqueux dont nous venons de parler ; ce qui n'eſt pas un de ſes moindres défauts.

Une omiſſion eſſentielle infirme auſſi cette définition. Parmi les principes dont Sthal compoſe le corps muqueux , il néglige celui de l'air , il n'en dit pas un ſeul mot , & cependant il en contient une ſi grande quantité, qu'il entre pour un cinquiéme ou un quart même dans le tartre, qui n'eſt que ſon produit. Or comme on ſçait par les démonſtrations modernes, que l'air ne peut entrer dans une combinaiſon , que lorſque ſes particules individuelles y ſont en diſſolution ; que dès qu'elles ſe réuniffent, devenant élaftiques par leur aggrégation, elles ne peuvent refter engagées, & s'échappent auffi-tôt : il faut néceffairement que l'air y entre comme principe conftituant, & peut-être comme le plus effentiel.

Mais la fuppofition de l'huile eft-elle fondée? c'eft ce que je combas principalement, & que je crois renverfer par les confidérations fuivantes.

Si l'huile en fubftance fervoit à la compofition du corps muqueux ; l'une ou l'autre de ces deux fuppofitions feroit indifpenfable : il faudroit 1°. que l'huile fût préexiftante aux végétaux dans les élémens, pour parvenir delà dans leurs organes, ou 2o. quelle le fût dans ces organes eux mêmes. Or cette premiere préexiftence de l'huile requiert pour agens créateurs des élemens tels que l'air, ou la terre, qu'il me paroît bien difficile de rendre propres à remplir cette fonction ; mais de plus elle requiert une solubilité aqueuse dans cette huile qui n'exiſte point, ſans la quelle elle ne pourroit s'introduire dans les pores aſpirans des racines & des plantes qui ſont toujours ſous l'eau (*a*) & qui rend nulle, par cela même, cette création.

L'huile de pétrole eut pû jadis former quelqu'objection ſur cette préexiſtence , mais je ne m'étendrai point à prouver combien elle y eſt inutile ; puiſque les obſer-

---

(*a*) Tous les jours on fait croître des plante dans des vaſes, où il n'entre que de l'eau, & leurs fleurs en ſont preſqu'auſſi belles , que celles qui viennent dans des parterres : on y a même fait croître des arbres, & les expériences de M. du Hamel ſont, ſur cet article, on ne peut plus déciſives.

vations modernes ne permettent plus de douter, qu'elle eſt d'origine végétale, qu'elle vient des bois enſevelis & changés en charbon de terre après d'anciens bouleverſemens, d'où les feux ſouterrains l'ont enſuite ſublimée & rectifiée ; que d'ailleurs elle eſt inſoluble dans l'eau, qu'elle ne peut ſe mêler avec elle, & qu'on l'y trouve toujours ſurnageante ; enſorte que ſi les ſpéculations pouvoient faire naître quelque ſoupçon ſur la création élémentaire de cette huile, l'analyſe en démontreroit bien-tôt toute l'inutilité.

Mais ſi la préexiſtence de l'huile hors des organes des plantes n'eſt pas fondée, ne peut-elle pas avoir lieu dans ces organes eux-mêmes ? l'hiſtoire de la germination le décidera.

L'intérêt a obſervé celle du blé,

lorfqu'on en veut faire de la bierre, fes regards avides & vigilans
l'ont examiné avec foin : nous pro-
fiterons de fes remarques.

Pour exciter la germination du
blé, on l'humecte, on le fait macé-
rer, & on l'étend par couche dans
des greniers en l'arrofant d'eau
chaude. Alors arrive le phénomene
folutionnaire : il germe ; mais s'il
a trop gérmé, que la radicule ait
plus de deux lignes, même d'une
ligne & demie, c'eft autant de perdu pour la bierre, & l'on en a
d'autant moins, que la germination paffe les bornes. Or la bierre
n'eft que le corps muqueux changé en liqueur vineufe, c'eft un
fait qu'on ne contefte point : lors
donc que le grain fe confume pour
la plante, ce ne font pas des huiles, qui les premieres créées forment le muqueux, au détriment
de la bierre ; mais c'eft aucontraire

le (*a*) muqueux qui déja fait &
créé, s'employe tout à former l'a-
cide de l'herbe naiſſante, & qui
auroit donné des eſprits & diver-
ſes huiles, ſi on l'eût menagé : donc
elle ne crée point ce muqueux,
mais elle en eſt aucontraire le
produit, comme le vin, le vinaigre & tous les autres produits.

Mais ſi l'huile n'entre pas dans
la compoſition du corps muqueux
qu'elle eſt donc la ſubſtance qui
en joue le rôle, puiſque ce corps
en fournit tant ; & qu'eſt-il lui-
même ? il me paroît qu'il ne falloit qu'une diſtinction pour ré-
ſoudre toutes ces difficultés : c'eſt
qu'au lieu de ſubſtances dont on

(*a*) Cette remarque de la perte du muqueux
à proportion que la plante germe, jette auſſi,
ce me ſemble, le plus grand jour ſur les autres
phénomènes de la végétation : & décide qu'elle
lui doit tout ſon être.

le veut compoſer; il ne faut pren-
dre que les élémens de ces ſubſtances , & non les compoſés tout
faits. Si Sthal n'eût pas confondu
l'huile , telle qu'il la définiſſoit ,
avec celle qu'il ſoumettoit à l'a-
nalyſe , je l'aurois crû volontiers
ſur la voye de la vérité ; (*a*) car
dans la définition des huiles , il
les dit compoſées du principe
aqueux , uni à celui du feu , ce
qui ſans doute eſt un des mixtes
du corps muqueux; mais ce n'eſt
point l'huile , qu'il diſtilloit , ou
qu'il donne ailleurs pour exemple,
puiſqu'il eſt démontré par une
ſimple digeſtion avec l'alkali fixe,
que l'huile là plus ténue contient
un acide. (article du vin.) Peut-
être pour toucher à la vraie défini-

(*a*) T. de la F. ch. 12 52. *Conſtat ex uná
numero particulá igneá, & uná numero aqueá,
oleum.*

tion

tion de cette fubftance, ne fau-
droit-il plus qu'ajouter l'air à
cette fauffe huile de Sthal, en y
mettant pour bafe un acide.

Réfumé.

Une feule fubftance nourit; tout le
refte n'eft qu'affaifonnement; cette
fubftance qu'on nomme le corps
muqueux jouit de ce privilge parce
qu'elle eft compofée de principes
qui peuvent fe prêter à toutes
fortes de combinaifons, & non
de fubftances déja formées qui
feroient immuables: par cette raifon dès qu'elle eft décompofée,
les êtres auxquels elle donne naif-
fance, ne font plus propres à cet
ufage; parce qu'ils ne peuvent
fe changer en nos humeurs, ni
fe recombiner comme auparavant;
& de la fuit; que la gelée eft effentiellement un muqueux non dé-

G

composé (*a*) ainsi que l'indique sa consistance glutogélatineuse, & que tous les corps de ce genre, n'ont qu'une seule & même composition ; mais modifiée, autant que la combinaison des matieres étrangeres peut y causer des variations.

Aussi leur sympathie, leur confusion, le sentiment de plaisir qu'ils font éprouver dans la nutrition, concourent également à les faire juger par cette fameuse regle des affinités ; cette régle qu'a dicté une expérience de tous les tems : *similia similibus gaudent.*

(*a*) Sa différence paroît venir de quelque matiere grasse atténuée, & c'est sans doute ce qui lui donne ce penchant à se putréfier : car Sthal observe Ch. 20, p. 282, T. de term. que l'huile tenue mêlée aux muqueux, qui fermentent, les fait pourrir.

SECONDE PARTIE.

ON a essayé dans la premiere partie de ce discours de déterminer les parties vraiment nourrissantes des corps alimentaires ; leur coloris trompeur étant effacé, on a cru voir dans leur tissu une seule & même substance, dont l'identité n'étoit alterée que par quelque assaisonnement, ou par des modifications dont la variété distinctive démontroit un art d'autant plus infini, que la simplicité en est extrême. Cette seconde partie sera employée à découvrir l'usage de cette substance dans l'œconomie animale, & à éclaircir les faits qui peuvent répondre aux demandes accessoires de l'Académie.

G ij

Des Préliminaires de la Digestion.

Dès que les humeurs sont dissipées des vaisseaux, qu'ils sont à vuide, l'animal n'éprouvant plus cette réaction des solides sur les fluides, cette espéce d'équilibre dont dépend la liberté des fonctions ; il tombe dans l'affaissement. Mais le premier des besoins, la faim, le tire bientôt de cet état.

La faim s'annonce par une légere chaleur dans l'estomac, par un chatouillement qui dégénére en une irritation brulante. L'animal baille, sa bouche devient séche & puante ; son pouls est plus fréquent ; il tombe ensuite dans des syncopes réiterées , & la mort suivie de la putréfaction la plus prompte & la plus fœtide, en est la fin.

Ce terrible befoin force tous
les animaux d'en chercher la dé-
livrance ; la brute quoique naif-
fante , guidée dès lors par un inftinct fûr, fe porte immédiatement
à la fource qui doit la foulager ;
mais l'enfant réduit aux cris &
aux plaintes , ouvre vainement la
bouche.

Dès que l'eftomac eft rempli ,
la faim ceffe ; les alimens en dif-
tendant les parois de ce vifcere ,
diminuent , effacent le fronce-
ment de fes vaiffeaux ; & l'irritation famélique dont le fiége
étoit dans ces plis , à caufe du
fang qui s'y arrêtoit , fe diffipe
avec leur dégorgement. Mais
avant que les alimens foient parvenus dans l'eftomac , ils ont
éprouvé une action qui les a ré-
duits en pâte , une rofée de falive
qui pleut de toute la furface intérieure de la bouche, les a pé-

nétrés , en même tems qu'ils étoient hachés par les puiſſances deſtinées à la maſtication : qu'elle eſt la nature de cette roſée , & comment agit-elle ?

De la Salive.

Suivant le ſyſtême reçu des Phyſiologiſtes , la ſalive eſt une eſpéce de ſavon , ou tout au moins une liqueur d'un caractere ſavonneux ; car , ſuivant eux , elle mouſſe , elle ſe mêle à l'eau , aux huiles eſſentielles , & d'ailleurs en remplit les fonctions : mais l'on voit des ſubſtances , telles que le blanc d'œuf , où l'on ne peut ſoupçonner aucun ſavon , devenir mouſſeuſes avec une facilité extrême , & d'autres , quoique de nature auſſi peu ſavonneuſe , telles que le ſucre , & le jaune d'œuf , s'unir aux huiles essentielles auffi facilement que la falive ; enforte que ces rapports bien loin de la rapprocher des favons, la rangent parmi des corps abfolument oppofés ; de même des expériences moins fondées fur une fimple apparence, l'en éloignent plus encore : l'alkali fixe qui ne dénature point le favon, détruit une partie de la falive, la change en efprit urineux, & fe coagule avec l'autre. Les acides qui décompofent le favon, quelqu'affoiblis qu'ils foient, n'opérent fur la falive qu'une coagulation ; il en eft de même de l'efprit-de-vin, tandis qu'il diffout ce premier : d'ailleurs fi l'on veut oppofer le phyfique au phyfique, décrire fa douceur, fa tranfparence & fa vifcofité ; bien loin de la trouver analogue au favon, on la verra s'identifier au contraire, avec les corps muqueux lymphatiques.   G iv

Une seule circonſtance, pourroit jetter quelque doute ſinon
ſur la baſe de la ſalive, qui eſt
évidemment un muqueux anima-
liſé, du moins ſur cette partie,
dont il s'éleve un eſprit urineux
par l'alkali fixe : on pourroit la
ſoupçonner d'être de nature am-
moniacale, ſi elle n'eſt pas ſavonneuſe, & cés ſoupçons ſeroient
fondés : pour en terminer l'incertitude, je crus que la voie des
doubles combinaiſons, étoit le
meilleur moyen poſſible : en conſéquence je fis une diſſolution
de vitriol bleu, je verſai deſſus
de la ſalive, & je remuai ce mélange très-long-tems : la ſalive
ſe coagula, prit un œil bleuâ-
tre, mais ne ſubit aucune décom-
poſition, non plus que le vitriol,
quoique laiſſé enſuite en repos.
Or comme l'acide vitriolique
n'eût pu rencontrer l'alkali vola-

til prétendu sans s'y unir, & sans
que le cuivre ne fût précipité, il
suit, puisque la chose n'arrive
pas, que cet esprit urineux est le
produit d'une destruction, & non
celui d'un simple dégagement ;
que l'alkali fixe le crée, & ne le
développe pas seulement des
liens de sa combinaison : ce qui
démontre que ce principe n'est
nullement savonneux, ni am-
moniacal.

Mais qu'est-il donc ? Il me paroit qu'on peut l'apprécier d'une
maniere juste, si l'on juge de sa
nature par celle du principe qu'on
a vu plus haut à l'article de la
gelée, jouer les mêmes phénomènes, dont l'alkali volatil détruisant la composition, créoit
un esprit urineux ; dont la fermentation étoit si prompte, &
dont les propriétés m'engage-
rent à le ranger parmi les corps

qu'on nomme efprits , il me paroit par la conformité de leurs
effets , qu'il eft de même un efprit ; & de plus c'eft en confidérant les raifons de fa préfence
dans la falive , qu'on peut en déterminer jufqu'à l'efpéce.

Les glandes , comme le favent
les anatomiftes , font plus tiffues
de nerfs qu'aucune autre partie ;
& on ne le remarque que trop
lorfqu'elles font cancéreufes , par
l'atrocité des douleurs qu'elles
caufent : or les glandes falivai-
res , fur-tout les parotides , en font
fi fort entrelacées , qu'une forêt
ne l'eft pas plus de fes rameaux ,
(c'eft la comparaifon des gens de
l'art :) en conféquence leur fécrétion doit s'en reffentir ; les filets
nerveux qui s'y terminent , doivent néceffairement y verfer la
liqueur qu'ils filtrent , (*a*) &

____

(*a*) En exprimant un nerf, on en fait couler
une humeur très claire.

cette liqueur ne peut être que nerveuse. Mais c'est celle qui s'unit à la lymphe de la salive, c'est aussi celle qui devient urineuse par l'alkali fixe ; (*a*) donc ce principe est l'esprit nerveux.

D'après ces conséquences, il suit : que la salive est composée de lymphe, & de beaucoup d'esprit nerveux. Si elle mousse, c'est sans doute que le sang, qui arrive aux glandes salivaires, a presque toute sa chaleur & sa vîtesse primordiale ; car poussé dans une courbe aussi douce que

------

(*a*) On voit que l'alkali fixe, en le détruisant, donne le moyen d'en calculer la quantité ; qu'on peut par un acide retenir l'alkali volatil & le péser ensuite. On sauroit par-là la quantité, au moins relative de l'esprit nerveux de chaque humeur &c. Cela ne sauroit être difficile à ceux qui ont les instrumens nécessaires.

l'eſt la croſſe de l'aorte, il doit
entrer aux carotides, comme ſor-
tant immédiatement du cœur,
& des carotides aux glandes ; le
chemin eſt ſi court, qu'il ne peut
être beaucoup rétardé. La ſécrétion elle-même ſe fait prompte-
ment, elle eſt chargée d'eſprits,
il faut bien qu'en raiſon de ces
cauſes réunies, la lymphe ſoit
plus mouſſeuſe, que celle du ſyſtême lymphatique.

Après toutes ces particularités
ſur la ſalive, on n'eſt plus étonné de ſon extrême facilité à re-
çevoir toutes les impreſſions, &
à s'impreigner de tous les miaſ-
mes. Si le levain de l'hydropho-
bie, communique ſa vertu pour
peu qu'il pénétre les humeurs,
ſi la ſalive en prend le caractere
en un inſtant, lorſque les animaux entrent en fureur, comme
il paroît par leur morſure, mê-

me celle de l'homme , qui est suivie de convulsions & des autres
fâcheux symptômes de la rage ;
on ne trouve dans ces étranges
phénomènes , qu'une suite nécessaire de la quantité d'esprit
nerveux dont la salive est douée ,
de leur atténuation , & de leur
grande corruptibilité.

On sent de quelle importance
son action doit être dans la digestion , ce qu'on doit perdre en
la perdant. D'où vient qu'une
mastication précipitée , rend les
alimens si lourds sur l'estomac ,
& pourquoi les personnes âgées
mâchent si long-tems. Car par
cet interméde lymphatique nerveux , les molécules alimentaires
font détrempées , & pénétrées
d'un levain , qui les prépare à la
fermentation animale. De même
les raisons de tous les changemens de la salive , suivant les

divers états de la machine, pa-
roissent aussi nécessaires (*a*) que
simples. Si celle du matin est
amere & désagréable, c'est que
pendant le sommeil, où toutes
les fonctions sont suspendues, où
les humeurs croupissent & se dé-
pravent, la nature a voulu tirer
partie de cette dépravation même, & corriger tous ces accidens
les uns par les autres : l'estomac
qui s'étoit engourdi, de même
que les autres visceres oisifs, reçoit une salive devenue légere-
ment purgative, qui le reveille,
qui l'irrite & le débarrasse : en-

(*a*) Ces raisons finales sont de M. Petit, ainsi
que toutes les descriptions Physiologiques de
cette seconde partie ; il est facheux que j'aye
été forcé de les tronquer, pour les adapter à ce
mémoire ; on sait dans la république des let-
tres, que ce sublime académicien excelle dans
l'art de décrire comme dans celui d'observer.

forte que par cet art, la faim &
tous les défirs renaiffent à la fois.

La falive eft comme on voit
d'une utilité effentielle, dans l'action préparatoire à la digeftion ;
mais non à la digeftion elle-même, qui pourroit à la rigueur
s'en paffer : cherchons quelles
circonftances, quelles conditions
y font abfolument néceffaires,
& pour cet effet, connoiffons
les phénomènes qui accompag-
nent cette belle opération de la
nature ?

De la Digeflion.

Lorfque le bol alimentaire eft
entré au pharynx, à l'aide des
mufcles déglutiteurs, du voile
du palais & de la bafe de la langue ; il parvient delà dans l'œfo-
phage, qui fe contractant auffi-
tot, s'en décharge dans l'efto-

mac, forcé de s'ouvrir cette voie par les obstacles supérieurs.

Ce viscere étant rempli, on sent peu de tems après un gonflement près du scrobicule. La respiration devient haute, & moins aisée. On éprouve un engourdissement qui conduit au sommeil : le visage s'anime, les yeux s'enflamment, mais la vue & l'imagination ont moins de netteté. Environ une heure après, un nouveau gonflement, naît dans la région hypogastrique ; on rend des urines claires, qui participent de l'odeur des alimens ; la transpiration diminue, & les excrémens sont retenus, à moins qu'on n'ait, comme le pigeon, un temperamment lâche.

Est-ce l'action des sucs gastriques ; est-ce la trituration des parois de ce viscére, ou la fermentation que les alimens y subissent

qui

qui produifent tous ces fymptô-
mes de là digeftion ? en lés exa-
minant chacun à part , il fera
facile de répondre à cette quef-
tion.

Du Suc Gaftrique.

Le fuc gaftrique autrefois ré-
gardé comme un ferment univer-
fel , dont la force changeoit les
corps étrangers en fa propre
fubftance , fut en conféquence
réputé l'auteur de la digeftion :
mais les obfervations qu'on fit
par la fuite , le démirent complet-
tement d'une fonction , auffi cor-
rofive. On vit qu'il ne pouvoit
être deftructif , fans détruire le
lieu même où il eft toujours ; on
vit que fa deftination devoit être
d'adoucir , plutôt que d'irriter ;
& que s'il ne préfervoit les tuniques de l'eftomac du frottement des corps , le vifcere entre-

H

roit dans des contractions con-
tinuelles, ainſi qu'on l'éprouve
dans le gaſtritis, même au premier dégré; où les ſucs n'étant
plus filtrés à cauſe de la contric-
tion phlegmonique, il eſt par
ſa nudité bleſſé & offenſé de
tout.

D'ailleurs comme l'expérience
enſeigne que ce ſuc s'épaiſſit ſur
le feu, de même que le bouillon; qu'il a toutes les autres propriétés des gélatineux, excepté
peut-être une altération de matiere fermentante, que ſemble
indiquer ſon goût fade & déſa-
gréable : il eſt clair qu'il n'eſt
pas plus le menſtrue tranſmuta-
tif des alimens, que ne le ſeroit
la gelée, ou toute autre matiere
muqueuſe chargée d'un levain,
qui pourroit hâter, & faciliter
les phénomènes de leur décom-
poſition, mais non les créer; ce

qui eſt l'eſprit de la prétention.
La véritable action de ces ſucs,
eſt d'achever l'amoliſſement des
parties ſucculantes concrétes, de
les réduire en bouillie, & vrai-
ſemblablement de déterminer à
la fermentation tout ce qui en
eſt ſuſceptible.

Ils préparent les molécules alimentaires, à-peu-près comme le
font les grains de blé deſtinés à
faire de la bierre: ces grains, par
les travaux préliminaires, ſe ſont
amollis & diſtendus ; la partie
farineuſe s'eſt adoucie, & devenue émulſive, on peut l'exprimer
& l'extraire aiſément de ſon enveloppe : de même les molécules alimentaires ſont liquéfiées
& rendues laiteuſes ; mais au lieu
que le blé n'eſt imbu que d'eau
pure, le chyme l'eſt de ſucs animaux fermentans, propres à l'aſ-
ſimiler.

H ij

La trituration Gastrique peut-elle être davantage que le suc, l'agent décompositeur des alimens ?

De la Trituration Gastrique.

Des esprits plus inclinés aux forces apparentes de la méchanique, qu'à celles de la chymie, en bannirent jusqu'aux moindres effets dans les phénomènes de la digestion : on vit Pitcarn & Hécquet, attribuer aux plis de l'estomac, l'action que produiroient d'énormes pilons : ces triturans aussi pitoyables anatomistes, qu'ignorans chymistes, ne remarquoient pas qu'au rebours de leur système, plus l'estomac est plein, plus il perd de ses plis ; & qu'on peut les couper tous, sans intéresser les autres membranes : ils imaginoient de grandes for-

ces, dans un foible velouté, &
ils en admettoient, où elles font
inutiles : car les machoires ayant
fait les frais du travail méchanique, l'eftomac ne peut avoir
d'autre fonction à remplir, qu'à
fe prêter à la fermentation de la
pâte alimentaire, comme fa capa-
cité l'indique affez.

De la Fermentation Alimentaire.

Le ridicule de la trituration
gaftrique, fe démontrant de refte
par la feule infpection de ce vifcere, de même les fucs dont il
eft abreuvé, n'étant qu'acceffoi-
res à la digeftion, il ne refte que
l'action naturelle de la matiere
même alimentaire, fa fermentation, qui puiffe en être l'auteur,
& répondre à tous les phénomènes de fa décompofition. En effet,
lorfque les alimens ont reçu leur

derniere préparation dans l'estomac, il survient un nouveau gonflement qui n'a point de rapport
avec le premier ; celui-ci ne ve-
noit que de la masse alimentaire,
l'autre est la suite du boursoufflement de cette masse ; son introï-
tion dans les intestins, qui auroit dû la diminuer, bien loin
delà, l'augmente par-tout : ce qui
ne peut arriver que par une autre cause.

Dans ce même tems l'air se
développe, il se mêle aux vapeurs des alimens, & se raréfiant
par la chaleur, il s'ouvre une
issue, & forme ces premiers rapports, qui participent si fort de
l'odeur des mets : par la suite
devenus plus fades & plus dé-
goûtans, ils prennent toute la
fadeur d'une matiere qui fermente ; & leur odeur est insoutena-
ble, soit qu'on vomisse, ou qu'on
ouvre alors les animaux.

Ces phénomenes caractéristi-
ques font des fignes auxquels ,
à ce qu'il me paroît , on ne peut
méconnoître la fermentation , &
qui démontrent à la fois la né-
ceffité de cet agent fpontané pour
la digeftion , comme celle du
corps muqueux , pour s'y prêter : mais pour s'en convaincre
mieux encore , fuivons les jufqu'à la fin. Voyons fi le chyle
n'eft pas fait , ce qui en fera la
démonftration.

Lorfque ce boursoufflement
du chyme , fe fait fentir , il
s'éleve un efprit fade , qui re-
lâche le fphincter du Pylore , &
qui le fait couler par fon propre
poids dans le duodenum. La tu-
meur qu'il forme fuit les alimens ; parvenus dans la région
ombilicale , ils la dilatent : le
diaphragme en eft gêné ; l'aorte
ventrale en eft comprimée , &

delà tous les accidens qui arrivent aux sens & à la respiration. L'origine des nerfs étant comprimée par le refoulement du sang inférieur, suspend leurs fonctions, il se filtre moins d'esprits, l'animal s'endort, il n'aspire qu'au repos, & Vénus même n'a plus d'attraits pour lui.

Le Chyme introduit dans le duodenum, se trouve dans un viscere dont les circonvolutions sont uniques, dont l'espace est si considérable, qu'il égale quelquefois, celui de l'estomac, & dont la texture donne passage à deux menstrues abondantes dès son origine, en même tems qu'elle fourmille de sources, par les lacunes dont elle est percée d'un bout jusqu'à l'autre. Ces deux menstrues qui sont l'humeur Pancréatique, & la bile, inondent le chyme, quand il s'introduit dans

le

le duodenum, ils le diſſolvent ;
les ſources des lacunes en ſe ré-
pandant en augmentent l'action :
& en conſéquence tout mouvement de fermentation ceſſe ; cependant c'eſt alors que le chyle
eſt aſpiré ; il faut donc que la
fermentation gaſtrique en ait opé-
ré la digeſtion, & qu'elle en ſoit
la condition eſſentielle : car les
humeurs qui l'inondent, ne font
que le liquéfier, le diſſoudre,
& le rendre plus extractible,
elles ne le décompoſent pas.

En les conſidérant, on s'en
convaincra tout-à-fait.

Du Suc Pancréatique.

Tous les Auteurs s'accordent
ſur la parité de l'humeur pancréatique avec celle des glandes ſalivaires, à l'égard de ſa
viſcoſité & de ſa forme mouſſeu-

I

fe ; mais quelques-uns y admet-
tent une acidité, qui fuivant eux
la différentie. Sylvius, & Ver-
rheyen fur-tout, qui acheta une
vache, uniquement pour l'em-
ployer à éclaircir ce doute, af-
furent, d'après leurs expériences,
que cette humeur eft acidule ;
mais en fuppofant le fait, je demande fi la conformité des humeurs chez les animaux, eft telle
que la nature de l'une puiffe décider de la nature de l'autre : &
fi l'acidité de l'humeur pancréatique de l'homme, eft bien démontrée parce qu'elle l'eft dans
la vache.

D'ailleurs peut-on bien comp-
ter fur des démonftrations pareilles, & peut-on conclure par les
réfultats des tentatives faites fur
des animaux martyrifés & irri-
tés, qu'une humeur contient
telle, ou telle fubftance, dans

l'état de tranquillité & de bien-
être? Ne cause-t-on pas aux animaux qu'on déchire les plus ter-
ribles inflammations? Et dans ce
cas, toute l'œconomie animale
n'est-elle pas troublée? On ne
peut nier que les parties insensi-
bles ne deviennent alors vive-
ment sensibles; que le sang rouge
n'injecte les vaisseaux, où il ne
circuloit que du sang blanc, &
je demande s'il est aisé alors
de décider de semblables ques-
tions, par des observations aussi
infidelles.

J'avoue que considérant sous
ce point de vue toutes ces expériences cruelles, & ne croyant
pas qu'on puisse, en s'y prenant
ainsi, enrichir l'art d'aucune vérité sûre & hors de doute, sinon
des suites funestes de la destruction; je n'en ai point fait, je ne
me suis pas même servi de celles

des autres , & j'espere avoir
évité la peine de méditer sur
des incertitudes.

Il est de même aisé de sentir
que l'anatomie ne peut résoudre
ce point de discussion chymique.
Car quoiqu'elle démontre que
la construction du Pancréas , &
celle des glandes salivaires comme les parotides , sont d'une si
parfaite conformité , qu'aucun
Anatomiste ne sauroit les distinguer , sur des tranches coupées
à chacune d'elles ; cependant ce
n'est point une preuve que leurs
sécrétions soient aussi semblables , & ce n'est tout au plus
qu'une induction.

Mais si l'anatomie ne décide
pas de l'acidité du suc pancréatique , elle enseigne d'autres vérités sur le Pancréas lui-même, qui
décident de l'usage de son suc ;
elle démontre par sa grosseur

qui l'emporte de beaucoup sur
celle de toutes les glandes salivaires réunies, combien la sécrétion doit en être abondante ; elle
le marque encore par le nombre
des vaisseaux qu'il reçoit de la
splénique, dont le sang y est en-
trainé par son propre poids : elle
démontre par sa position, la chaleur active du liquide qui s'y filtre, le tems où se fait la sécrétion, & par-là, quelle en est la
vraie fonction : car situé derriere
l'estomac, environné de toutes
parts, appliqué obliquement
dans son milieu sur le corps des
vertébres, comme une langue,
& s'unissant vers son extrémité
au duodenum, il se dégorge dans
l'instant que le chyme s'écoule
de l'estomac, qui est aussi celui
où il est comprimé par ce viscére, & confond son humeur
avec le chyme, en sorte que son

I iij

action eſt de diſſoudre & de
fondre ce qui eſt ſucculent, d'a-
chever de le détremper, en conſéquence d'arrêter toute fermentation, qui n'a lieu qu'avec le
repos; & de donner la liquidité
requiſe au chyle, pour ſon extraction; mais non de créer, ou
de changer les molécules alimentaires en molécules chyleu-
ſes; ce à quoi ce menſtrue n'eſt
pas plus propre que le ſuc gaſtrique, ou la ſalive. La bile qui
produit de concert avec lui tous
ces effets, n'eſt pas plus tranſ-
mutative; on le voit dejà.

De la Bile.

La bile eſt un liquide brunâtre,
très-viſqueux, ſans odeur, d'une
amertume affreuſe, qui ne fait aucune efferveſcence avec les menſtrues corroſives, & qui peut ſer-

vir d'interméde, pour unir les huiles effentielles à l'eau.

Cette particularité qui lui vient de la matiere amere & brune, qui eft jointe à fa bafe vifqueufe, eft auffi celle qui la diftingue des autres humeurs lymphatiques, car d'ailleurs elle s'unit intime-mement à tous les muqueux, & en a toutes les propriétés effen-tielles. Cette matiere qui fans doute feroit très-intéreffante à connoître, à caufe des altérations qu'elle doit caufer au chyle, n'eft point encore connue.

L'anatomie indique bien le mé-chanifme de cette fécrétion ; elle découvre que la veine-porte qui ramaffe le fang de toutes les veines des inteftins, va fe dé-charger dans le foye ; que le fang en eft amer & noirâtre ; on dit même chargé de bulles bilieufes fenfibles à la vue ; tandis que ce-

lui de l'artere hépatique, est ver-
meil & ordinaire : la physiologie
moderne remonte même à l'origine de ces bulles bilieuses : elle
remarque que la marche des alimens, retardée dans les flexuo-
sités des gros intestins, comme le
colon favorise leur fermentation,
que les esprits pénétrans qui s'en
exhalent, s'introduisent dans les
intestins, s'unissent aux liquides
onctueux des membranes qui les
soutiennent , & y forment la-
bile.

On soupçonne aussi que la rate
y entre pour sa part : que disten-
due lorsque l'estomac est à jeun,
elle se gorge en occupant ce vuide , d'un sang qui séjourne, qui
se décompose ; & s'en décharge
dans la veine-porte, lorsque l'estomac la comprime en se remplis-
sant. Mais l'explication de ce mé-
chanisme , qui sans doute est un

grand pas dans l'avancement de cette route obscure, ne donne aucune idée positive sur la nature de la bile, elle ne démontre point la cause matérielle de sa couleur, de son amertume, & ces choses toutes du ressort de la chymie, sont encore inconnues.

Comme on a remarqué que les animaux qui n'avoient pas le sang rouge, n'avoient pas non plus une humeur bilieuse, qu'ils manquoient de foye, & que sans doute la cause de ces privations, dépend du même principe ; j'attendrai pour tâcher d'éclaircir ce sujet, d'être à l'article du sang.

Cependant quoique cette matiere brunâtre de la bile soit inconnue, il est clair, qu'elle n'altere autrement le chyme, qu'en ajoutant un nouveau corps à sa composition, qu'en le sur-composant, qu'en développant tout-à-

fait les molécules chyleuses , &
non en les créant.

De l'Extraction du Chyle.

Les alimens ayant éprouvé
l'action de toutes les humeurs
du duodenum, les molécules chyleuses font liquéfiées ; la fibre li-
gneuse intacte, comme il est aisé
de le voir dans les excrémens ,
en est séparée , & le liquide chy-
leux est à peine arrivé dans le
jejunum , qu'en un instant il est
aspiré : la surface veloutée de cet
intestin, que la quantité de ses
valvules rend triple ; la contraction de ses tuniques musculaires,
& celle de tous les muscles du
bas-ventre, font des moyens avec
lesquels le chyle ne peut croupir.
Des pores absorbans de ce vis-
cère , le liquide entre dans les
vaisseaux lactées ; delà il se rend

dans la cavité des glandes méfa-
raïques, où la lymphe, & la fécrétion du fang artériel qui s'y
trouvent auffi, fe confondent
avec lui : le mélange arrive dans
le réfervoir de Pecquet, gagne
le canal thorachique, & fe perd
avec le fang de la veine foucla-
viere, dans le torrent de la circulation.

Jufqu'ici la nature s'eft fervie
de tous les moyens, qu'une chymie douce, tranquille, mais toujours laborieufe, pourroit em-
ployer pour une décompofition.
Elle a divifé la matiere alimentaire par les forces méchaniques
de la bouche ; elle l'a digérée par
cette efpece de fermentation que
permet l'eftomac, circonftance
qui en eft la condition effentielle ;
enfuite par l'action des menftrues
du duodenum, elle a rendu facile, l'extraction des molécules
chylifiées.

Ici changeant tout-à-coup de méthode, elle se sert des forces les plus actives, & par toute l'atténuation que peut causer un frottement excessif, elle donne la derniere main à son ouvrage.

Du Changement du Chyle en Sang.

Le chyle parvenu dans la veine souclaviere, se précipite avec le sang veineux dans la cavité droite du cœur : les fibres tenues & sensibles de ce muscle creux, entrent en contraction ; elles le lancent dans l'artere pulmonaire ; il en parcourt en un instant toutes les subdivisions, & arrive dans les vaisseaux intermédiaires entre les veines & les arteres, dont l'épanouissement couvre les vésicules qui terminent les bronches. Là divisé comme la vapeur, son cours seroit suspendu, si l'inf piration ne l'en faisoit partir avec toute la force que peut communiquer une masse d'air fortement comprimée : cet effort est même si grand, qu'il reflue un peu dans l'artere, & qu'il traverse ensuite les veines, aussi vîte que les conduits artériels ; reçu de ces vaisseaux veineux , dans la cavité gauche du cœur , du nouveau ventricule qu'il irrite, il est renvoyé dans le torrent de la circulation universelle ; & après quelques heures de révolutions semblables , on ne le reconnoît plus ; son apparence laiteuse s'évanouit , & sa substance n'offre plus qu'un liquide animalisé, changé en sang rouge. Cependant le changement que cause cette atténuation, est moins grand qu'on ne pense : pour l'apprécier il suffit de revenir sur ses pas : le chyle qu'on regarde unanime-

ment comme une espece de lait,
en contient, sans doute les matériaux, son serum, sa partie bu-
tyreuse, sa partie caséeuse; mais
il a de plus des parties colorées,
que son mélange avec la bile lui
a communiquées, d'où il acquiert
cette couleur grise, qui l'en fait
différer, & qui lui fournit les
principes de sa rougeur.

Aussi la circulation a bien changé les accidens de la couleur,
elle l'a, si l'on veut, transmutée,
mais elle n'a pas créé la substance, ni la partie colorante de la
bile, qui en est la source, ce que
la description du sang achevera
de justifier. Je m'interromps ici :
je ne puis passer sous silence l'o-
pinion des Physiologistes sur
les huiles du chyle : ils considé-
rent la partie qui est soluble dans
l'eau, comme une huile qui lui
est unie d'une façon intime, &

ils confidérent encore comme
une huile, celle qui eft indiffolu-
ble, & qui trouble la tranfparence de la liqueur, ajoutant à
la vérité qu'elle n'eft que fuf-
pendue & non diffoute : comme
fi ces deux prétendues huiles n'a-
voient pas eu les mêmes inter-
medes pour s'unir à l'eau , &
n'avoient pas fubi la même atténuation.

Defcription du Sang.

Le mot de fang eft générique;
il comprend auffi la lymphe ,
qu'on nomme le fang blanc, qui
bien plus effentiel fe trouve
dans tous les animaux.

Celui dont nous parlons , eft
différent dans chaque animal ,
il l'eft d'homme à homme ; il l'eft
même dans l'individu à chaque
heure du jour ; & cette difparité

perpétuelle , vient des accidens
de fa couleur : les autres altérations qu'il peut éprouver, comme, lorfqu'il eft impreigné de
miafmes contagieux, ou de virus, font infenfibles à l'obfer-
vation.

En le reçevant dans un vafe
on lui voit perdre peu-à-peu fa
confiftance, & changer un peu
de couleur. Laiffé en repos, il
fe fépare en deux fubftances,
dont l'une toujours liquide &
décolorée en partie, devient
tranfparente, & dont l'autre au
contraire fe caille, & femble at-
tirer à elle toute la rougeur.

Si le vafe contient de l'eau, il
s'y diffout, & la colore vive-
ment, quoiqu'elle y foit même
dans une quantité très difpropor-
tionnée à la fienne.

L'efprit-de-vin fe teint auffi de
fa couleur, mais le rouge en eft
moins

moins vif que celui de l'eau. Je m'arrête à ces phénomènes qui déjà jettent affez de jour fur la couleur du fang , pour en tirer des conféquences abfolument oppofées à celles qui font reçues ; laiffant pour un moment tout ce qui concerne fon coagulum , fon odeur & fes autres particularités.

On trouve établi dans tous les livres de Phyfiologie , que la couleur du fang n'eft qu'accidentelle ; que la caufe en eft due à la réunion de fes globules ; & que dès qu'ils fouffrent une certaine divifion elle n'exifte plus : cependant d'après les expériences pofitives que je viens d'énoncer, on voit au contraire une couleur qui fe foutient dans l'eau , quelque divifion qu'elle éprouve ; une couleur que l'efprit-de-vin peut extraire & qui teint les corps.

K

Or fe peut-il qu'un fimple accident foit extractible , foit teig-
nant , & que la caufe ne foit pas
un corps particulier , un corps
colorant ?

Ces prétentions fondées d'a-
près des obfervations faites au
microfcope , qui n'avoient trait
en conféquence qu'à des phénoménes optiques , lorfqu'elles ont
décidé de la nature même du
fang , ont fans doute paffé les
bornes de cet inftrument , & ont
pris la réalité pour l'illufion. Les
découvertes du célebre Lewen-
hoek font la fource de cette erreur : cet Obfervateur vit fur
l'animal vivant , que , lorfque
les globules rouges entroient dans
les vaiffeaux capillaires , de fphe-
riques , ils devenoient oblongs ;
que dans une filiere plus fine , la
forme oblongue augmentoit , &
que dans une plus fine encore ,

le globule ne s'étendoit plus, mais se divisoit en d'autres plus petits : point de disgrégation, qui étoit aussi celui du phénomène illusoire. Les globules nés de la division, n'étoient plus rouges, mais jaunes, & par une subdivision successive & analogue, leur couleur diminuant dans la même proportion, ils paroissoient enfin blancs. Lorsqu'au contraire ces globules par l'agrégation, se réunissoient en un seul, ils reprenoient leur couleur en suivant la même gradation, & le sang redevenoit rouge. Mais les couleurs ne perdent-elles pas de leur intensité à proportion qu'elles sont divisées & étendues ? La couleur du vaisseau, n'est-elle pas un fond propre à affoiblir encore celle du liquide ? & ne falloit-il point appuyer de quelques expériences, une remarque d'optique, où l'illusion peut se glisser si aisément, & à laquelle la considération des particules intégrantes sembloit s'opposer. (*a*) Aussi l'observation des faits positifs , qui prouvoient dans le sang un principe colorant particulier ; la source de ce principe qui remontoit originairement à la bile ; la comparaison du sang rouge à la lymphe proprement dite , telle qu'elle

------

(*a*) L'illustre M. Rouelle, bien loin de tomber dans cette erreur, non-seulement a regardé la cause de cette rougeur du sang comme une substance réelle ; mais encore lui a assigné une place parmi ces corps , qu'il nomme extracto-résineux , qui font solubles dans tant de menstrues. Je dois aussi rendre justice à une autre personne d'un grand mérite, à M. Petit : je l'ai entendu observer que le sang sembloit devoir sa couleur à quelqu'autre cause , qu'à la simple division de ses globules ; puisqu'étendu dans l'eau il conservoit encore sa rougeur , & la lui communiquoit.

eſt dans la ſalive, où l'on ne voit
aucune couleur ; l'exiſtence du
fer démontrée par les Modernes
dans le ſang, m'induiſant à croi-
re, non-ſeulement qu'il contient
une partie colorante, mais de
plus que cette partie colorante
tient elle même ſa couleur du
fer, ce qui étoit d'ailleurs le ſoupçon de M Rouelle, je tentai les
expériences ſuivantes, qui m'ô-
terent toute incertitude.

Je jettai de l'alkali fixe en poudre ſur du ſang de bœuf, je fis
chauffer le mêlange, il s'en fit
une diſſolution & la couleur ne
fut point altérée. Pour en dégager le fer, je tentai la voye des
doubles combinaiſons ; le vitriol
bleu me ſembla la matiere la plus
convenable à cette épreuve. Je
m'en ſervis : en effet, lorſque
j'eus étendu dans l'eau tous ces
corps, pour faciliter leur réac-

tion, à peine eus-je versé le vitriol bleu, que la liqueur se troubla, qu'elle perdit sa couleur, sa transparence, qu'elle devint noire, & fit de l'encre.

Je fis aussi une combinaison plus simple; ce fut une dissolution de ce vitriol bleu, avec une de ce même sang, & le résultat ne fut pas moins démonstratif; ce mélange se troubla, devint opaque, & lorsque je l'eus filtré, la liqueur dont le cuivre avoit été précipité par le fer, se trouva verte : le filtre démontra la même vérité d'une autre maniere; le cuivre resta dessus, avec le magma sanguin qui s'y déposa, jouissant de son éclat, ainsi qu'il lui arrive, lorsqu'il est chassé par le fer, présenta au jour une surface brune, luisante, métallique & dont l'aspect seul étoit démonstratif.

Ces tentatives fur l'art de dégager le fer du fang, m'ayant
réuffi, je les répétai de la même
manière fur le fiel ; & par les
changemens que fa couleur éprou-
va, de même que par ceux de la
liqueur vitriolique , j'eus des
preuves certaines que le fer eft
auffi la caufe materielle de fa couleur , ainfi que de toutes celles
qu'on remarque dans nos humeurs, & que la bile (*a*) eft effentielle pour la compofition du
fang rouge. Mais je dois avertir
que les phénomènes font moins
frappans avec la bile , qu'avec
le fang , plus lents à paroître, &
que j'ai laiffé le mélange quelque

―――――――――――――

(*a*) Il fuit delà , que la bile eft une lymphe unie à une partie extractive, & de plus par
les chofes précédentes, que la fermentation en
eft la caufe efficiente, puifqu'elle eft produite
par les fuites de la digeftion.

tems en digestion , avant que de me décider.

Ces expériences des doubles combinaisons , étant si aisées, & si lumineuses, je ne m'en tins pas aux matieres colorées animales ; je les fis aussi sur celles des végétaux, où l'on soupçonnoit de même la présence du fer ; je pris des fleurs dont les couleurs simples , mais primitives , pouvoient faire loi pour toutes les autres ; j'en exprimai le suc coloré ; je l'étendis dans l'eau , & aussi-tôt que la dissolution du vitriol bleu y fut versée & dissoute , la liqueur se décomposa , changea de couleur , & laissa le cuivre avec le marc sur le filtre, comme il arrive au sang : ensorte qu'on ne peut plus douter que le fer (*a*) ne soit la source du co-

______

(*a*) Il est inutile de remarquer que le fer lui-même doit son coloris au Phlogistique.

loris

loris de tous les êtres organisés.

Quoique le cuivre qui reste fur le filtre dans toutes ces épreuves, foit affez apparent par fon feul éclat métallique, on peut le reconnoître encore en l'extrayant par les menftrues (*a*) qui lui font propres; & c'eft le complément de la démonftration du fer dans ces corps colorés, puifque le vitriol bleu ne fe décomposeroit pas fans lui.

Comme les obfervations microfcopiques n'ont jetté que de l'erreur dans la partie colorante du fang, par la même raifon, je dois négliger la defcription minutieufe de ces parties rameufes, fibreufes, & flafculeufes, dont le détail fi foigneufement fait, d'après de pareilles

____

(*a*) Suivant le menftrue dont on fe fert, on voit naître des couleurs nouvelles, d'une beauté fi éclatante & fi fine, qu'elle charme le fpectateur : il eft facile à ceux qui font chymiftes de le trouver.

L

obſervations, n'eſt propre qu'à obſcurcir la véritable compoſition du ſang : il eſt clair que le microſcope n'eſt qu'un auxiliaire de l'œil, dont le ſecours augmente le pouvoir de l'organe, mais qui pour étendre ſes bornes, ne les rend point infinies, & ne peut lui faire diſcerner ces molécules individuelles & incommenſurables, dont l'aggrégation forme les corps.

Je paſſe aux ſubſtances que l'analyſe peut y obſerver, qui ſont au nombre de deux : l'une eſt ce principe volatil, d'une odeur fade, dont l'émanation eſt ſi conſidérable, que ſuivant quelques Phyſiciens, ſon poids en diminue conſidérablement. L'autre eſt cette matiere coaguleuſe qui eſt la baſe de ſa compoſition, dont la nature eſt ſi manifeſtement muqueuſe, & par les caillots qu'elle forme en ſe refroidiſſant, & par

toutes ses propriétés dans les diverses voyes de l'analyse : on sait
que M. Macquer dans la distillation du sang, dont il donne les
détails dans ses *Elémens de Chy-
mie-pratique*, a obtenu de ce
corps les mêmes principes ; il
lui a vu suivre le même ordre
dans sa décomposition que dans
celle de toute autre matiere animale, & tout le confirme jusqu'à la remarque qu'il ajoute
concernant la manipulation ; car
il conseille de mettre du verre
pilé pour obvier aux dangers du
gonflement extrême qui arrive
alors : circonstance qui est particuliere aux corps muqueux.

Il en est de même de la voye
des combinaisons & sur tout de
celle qui se fait avec l'alkali
fixe en poudre, à-peu-près à égales parties : ce mélange mis sur
le feu dans une fiole, se liqué-
fie, se confond ; & lorsqu'on le

L ij

laisse refroidir , se coagule en
une masse tremblante , précisé-
ment comme fait la gelée. La
partie colorante ne change pas
autrement dans cette expérience ;
seulement elle pâlit dans le milieu, & prend un rouge plus vif
aux points de la surface , où la
chaleur est forte.

On a dit que le sang contenoit
une huile , mais je n'en ai jamais pu observer , & je crois
que pour en apperçevoir , au
moins dans le sang parfait , il
faut le détruire, ou regarder aussi
le corps muqueux comme une
espece d'huile.

A l'égard de l'acide , dont on
a fait le sujet d'une question si
long-tems débattue , je n'en sçau-
rois parler, ni la discuter encore, tant elle est frivole, au moins
sous le point de vue sous lequel
on l'examine ; car on ne deman
de point si le sang a un acide

tout développé , ce qui sans doute seroit important; mais on recherche simplement , s'il en contient après la distillation : d'ailleurs l'Auteur moderne qui a penché pour l'affirmative, l'a sans doute tout-à-fait décidée , quoi qu'il ait omis de remarquer si le sang dont il s'est servi étoit parfait.

Il sait des connoissances positives que nous avons sur le sang ; que c'est un surcomposé de muqueux animal , d'une matiere colorante extractive , & d'une partie odorante ; que tout le changement causé au chyle par la circulation, est d'être si fortement atténué, que les principes du muqueux reçoivent des molécules onctueuses, une accrétion inséparable: & les parties colorantes bilieuses , une altération qui les exalte.

L iij

En perdant de vue le sang, la
lymphe est la premiere des humeurs ou s'arrêtent les regards,
elle semble même, suivant les
Physiologistes, n'être que le sang
lui-même, introduit dans un nouveau genre de vaisseaux, & d'a-
près ce système, il seroit inutile
de s'y arrêter, puisque le sang
une fois connu, la lymphe qui
ne seroit que le sang même
divisé, ne sauroit être par cela
seul, d'une autre nature : mais je
ne crois point ce système fondé.
la lymphe me paroit différer es-
sentiellement du sang : elle me
semble le produit d'une véritable
sécrétion ; en conséquence, je
crois devoir, avant que d'al-
ler, établir quelques généralités
préliminaires sur les humeurs
elles-mêmes & ce sera
la premiere que je traiterai.

Des Sécrétions.

La nature par le moyen de la digestion, crée des fubftances bien étonnantes ; une humeur lymphatique qui s'organife à volonté ; un principe fubtil qui femble être l'efprit-même, tant il s'unit intimement aux facultés de l'ame ; & fur-tout cette vapeur fécondante, qui, réuniffant en elle toutes les forces créatrices, les douces fympathies, les paffions délicieufes, la vie même, affure la pérennité de l'ouvrage par les attraits du plaifir. Mais ces fubftances font confondues, & l'art fublime qui les fépare, eft auffi difficile à fuivre que l'art qui les produit.

Jufqu'ici la phyfiologie en confidérant le fang comme le réfervoir de toutes les humeurs, a

cherché vainement par d[...]
fyftêmes de trouver dans [...]
mouvemens compliqués de fa c[...]
culation , les agens néceff[...]
des fécrétions : elle a e[...]
les fécours de la méc[...]
de la géométrie , & de [...]
qu'embraffe la phyfico-[...]
matique ; mais les d[...]
tions de ces fciences [...]
triomphantes , feulement [...]
qu'elles tirent des conféquen[...]
d'un principe vrai , celui de l[...]
phyfiologie ne l'étant pas , n'[...]
enfanté que des chymeres. Nous
avons prouvé que le fang n'eft
point un fluide [...]
qu'il n'eft compofé que d[...]
muqueux , uni à une par[...]
lorante qui ne le [...]
parce qu'elle eft [...]
mêmes menftrues [...]
d'un principe vapor[...]
fang ne peut être la [...]

fécrétions où ces principes n'entrent pas; il peut l'être feulement
de celles dont il eft compofé, &
en conféquence tous les fyftêmes
fondés fur cette fuppofition, s'é-
croulent avec elle.

D'ailleurs une foule d'animaux,
& tous les individus du regne
végétal, quoique privés de
moyens pareils, & n'ayant pour
moteur circulatoire, que la force qui caufe l'afcenfion des liqueurs dans les tuyaux capillaires, aidée des ofcillations de la
chaleur, n'en ont pas moins une
quantité de fécrétions parfaites:
ainfi tout engage à leur chercher
une autre origine, une origine
moins particuliere, & qui dé-
pende d'une conftruction commune à tous les êtres organifés.
C'eft à quoi les confidérations
phyfiologiques conduifent naturellement, au moins à ce qu'il me
femble.

En suivant avec attention la diffection d'un corps, on remarque un tiffu cellulaire uniforme, qui embraffe, qui lie tout ; qui eft le bloc où la tige nerveufe introduifant & diftribuant fes rameaux, a creufé tous les organes : on voit qu'en rapprochant quelques lames de ce tiffu, par fon premier développement, elle les a changées en membranes, & que par un épanouiffement plus varié, ces membranes elles-mêmes, ont formé une glande, un mufcle, même un des fens, ou toute autre partie ; mais fans empêcher que la trame où ferpente ce fyftême de nerfs, ne foit toujours celluleufe, perméable, abforbante, & pleine d'interftices, dont la communication ménage par-tout une introduction & un réceptacle à toutes fortes de fluides. C'eft ce que dé-

montrent ces enflures monſtrueu-
ſes & bizarres , qui occupent
toute la machine : comme ce
gonflement élaſtique , aérien ,
qu'on nomme emphyſême ; cette
bouffiſſure pâteuſe, molle, ſé-
reuſe qu'on nomme Œdéme, hy-
dropiſie , & même l'embonpoint
adipeux, lorſqu'il eſt exceſſif.

Si je ne me trompe, c'eſt par
une ſuite de cette conſtruction ,
que les cellulles du tiſſu cellullaire , étant le réſervoir commun
des humeurs, ſont auſſi celui des
ſécrétions. Les tégumes qui re-
couvrent & contiennent les parties internes , étant d'un tiſſu
beaucoup plus ſerré & d'une
température bien inégale , à cauſe de la fraîcheur que leur communique l'athmoſphere ; doivent
condenſer & renvoyer les vapeurs de toute eſpece qui s'en
élevent ſans ceſſe dans les lames

plus lâches du tissu intermédiaire adipeux; là, les autres fluides qui s'y trouvent, se combinent avec elles suivant les loix des rapports chymiques, & forment les matériaux des diverses humeurs. C'est de ces lieux ensuite, que par le jeu & l'action contractile des visceres, s'insinuans, se separans par-tout, en raison de leur propre disposition, & de la difficulté des obstacles, ces matériaux arrivent ébauchés aux organes sécrétoires qui achevent leur préparation.

Cette voye est douce, simple, elle peut être universelle, car tous les êtres organisés ont un tissu cellullaire, & elle doit être aussi, ce me semble, celle de la nature.

Si l'on demande d'où vient tant d'irrégularité dans les sécrétions des animaux ? d'où vient que la bile & le sang, passent

quelquefois par les pores de la
sueur, par les conduits des larmes, & par les canaux du lait :
qu'un saisissement détermine l'humeur de la transpiration , vers
les lacunes des intestins , &
qu'une évacuation quelconque
est tout-à-coup supprimée ; il me
paroit que cela vient de la double expension du nerf ; de celle
qui donne à toutes les parties une
irritabilité commune , qui les
rend chacunes participantes de
l'affection que ressent une d'elles,
& de ce second épanouissement
nerveux, dont le tact est unique,
ainsi que la forme , qui donne à
chaque organe une façon de sentir & d'agir particuliere, d'où il
devient un véritable sens , & en
conséquence un ministre qui peut
quelquefois se prêter , ou se refuser au service de sa fonction :
c'est delà que, lorsqu'une com-

motion, ou qu'une paſſion vio-
lente reſſerre les pores aſpirans,
& leur donne une tenſion qui ne
permet plus à l'humeur ſécré-
toire de pénétrer, cette humeur
renvoyée au moyen de la grande
communication des cellulles du
tiſſu cellulaire, dans d'autres
émonctoires moins roides, toute
l'économie animale eſt troublée.

Delà auſſi lorſque le filtre
eſt averti agréablement par l'i-
magination, la ſécrétion part
même avant le tems de ſa fonction : comme la ſalive qui jaillit
dans la bouche, à la vue d'un aliment deſiré, ou comme ce fluide
dont l'expreſſion eſt plus atteſtée
encore par ſa préſence volup-
tueuſe ; on pourroit encore citer
les larmes.

Mais ces particularités du regne animal, n'empêchent point
que les myſteres de leurs ſécré-

tions ne s'accompliſſent dans les cellules du tiſſu cellulai-re , comme dans le regne le plus inſenſible ; & même dans celles de la grande machine, dans les cavernes du globe : car les vapeurs de l'athmoſphere, que les montagnes condenſent & retien-nent dans leurs antres , pour en former les ſources , *mutatis mu-tandis* , ſont l'image de ce qui ſe paſſe dans toute la nature.

De la Lymphe.

L'être qui anime le ſyſtême nerveux, démontre la vie naiſ-ſante du point glutineux qu'il organiſe, en aſpirant la lymphe où il nage. On obſerve dans l'œuf que les premiers dégrés de l'ac-croiſſement de l'embryon, ſe font aux dépens de la lymphe qui l'en-vironne ; on obſerve que les ſoli-

des de l'animal en acquierent tout
leur accroissement, & conséquem-
ment que l'état intermédiaire en
dépend de même. La lymphe se
mêle aussi à toutes les sécrétions,
elle est le liquide essentiel , le
suc parfait pour la nutrition,
l'humeur gluto-gélatineuse ani-
malisée d'une façon exquise : comment se forme-t'elle ?

La physiologie moderne la tire
du sang, elle la confond même
avec le sang ; elle n'y voit que des
différences accidentelles, & croit
le prouver par l'anatomie ; mais
si l'on a découvert les vaisseaux
qui la rapportent lorsqu'elle est
filtrée, il me paroît qu'on ne
connoît point encore ceux qui la
filtrent, & que lorsqu'on les a vus
comme une subdivision d'arteres,
où le sang par un cours continu
dégénere en lymphe, on a vu des
chimeres. Tous les observateurs

séduits

féduits par l'agréable fyftême de Lewenhoëk, difent que dès que la férie des vaiffeaux artériels eft parvenue au point de former des globules blancs ; cette fubdivifion eft telle, que le fang fe change en lymphe, & que les vaiffeaux qui la charient, font alors des vaiffeaux lymphatiques: ou encore que les vaiffeaux lymphatiques font enflammés, lorfque le fang rouge paffe & circule où il ne paffoit que du fang blanc. Mais il eft évident que cette lymphe prétendue n'eft que du fang, & que les vaiffeaux qui la conduifent ne font que des artérioles, où il fouffre une grande divifion. Il eft évident que le fang rouge quelque décoloré qu'il foit par la féparation de fes globules, tient toujours en diffolution une matiere extractive, ferrugineufe, comme je l'ai prouvé; & que la

M

lymphe parfaite, telle qu'elle est dans la salive, n'en contient point. D'ailleurs qu'on fasse subir aux molécules de la lymphe exquise toutes les réunions & séparations possibles, jamais elle ne changera de couleur, & jamais elle ne perdra sa transparence, quelque soit le canal qu'elle parcourt, on la voit aussi limpide que l'eau de roche, dans le reservoir de Pecquet, dans les conduits valvulaires qui y aboutissent, & même dans les hydatides, où elle est en stase.

En partant d'après ces faits, peut-on donc regarder la lymphe comme le même fluide qui sort & rentre sans cesse des arteres dans les veines ? N'est-ce pas une méprise des Physiologistes ? & dès qu'on observe dans ces liquides des différences essentielles, ne doit-on pas cher

cher des pores aspirans, & quelqu'organe préparatoire, au lieu d'artérioles lymphatiques? Il me semble que l'anatomie même l'inspire, & que l'appareil seul des réservoirs où elle est mise en dépôt, annonce une sécrétion : car elle ne rentre dans la masse du sang, qu'après quelques stations, comme les humeurs recrémentielles, & ne se rend au réservoir de Pecquet, qu'après s'être arrêtée en divers endroits, comme dans les glandes inguinales, dans les axillaires, & dans celles des plis du coude. Mais où donc la lymphe prend-elle naissance?

Pour bien répondre à cette question, je crois nécessaire de développer auparavant la formation du lait ; car lorsque l'origine d'une humeur aussi hétérogene, aura achevé de détruire la source

chimérique où l'on puife les fécrétions ; qu'on aura vu que le
fang n'y eft qu'acceffoire, & qu'il
ne peut y contribuer que par la
vapeur qui s'en émane, non feulement l'origine de la lymphe de-
viendra fenfible, mais encore celle
de toutes les autres fécrétions,
felon que j'ai tâché de le faire en-
tendre dans l'efquife précédente.

Du Lait

Le dernier développement du
fyftême nerveux s'opere à l'âge
de puberté ; fes derniers efforts
font de caractérifer & de rendre
auffi complet qu'il eft poffible,
tout ce qui tient aux organes de
la génération. Ce dernier des fens
eft celui qui fert effentiellement
à la nature ; elle en fait fon chef-
d'œuvre. Chez les femmes les
mammelles s'élevent, un amas

de houpes nerveuses rendues saillantes, au mamelon , donnent à ces parties une sensibilité exquise ; des faisceaux de nerfs se distribuent aussi dans les réservoirs laiteux, dans ces follicules dont l'ordre le dispute par la régularité, à la forme extérieure ; & dans tous ces changemens le tissu cellullaire est la partie souffrante : ses lames sont écartées , rapprochées, relâchées, elles s'organisent sous les nerfs ; & dès-lors les cellules de ce tissu communiquent librement avec celles des autres parties. Les molécules graisseuses s'y frayent une route, elles y circulent & donnent aux seins en s'y arrêtant, cette agréable hémisphéricité. Vers ce même tems une irritation inconnue s'y fait sentir , une foible sérosité suinte de l'aréole ; & lorsque le tissu cellullaire reflue de sucs, comme après l'accouchement, l'effusion du lait ne dépend plus que de quelque suçement; il ne faut, pour ainsi dire, que presser le tissu, pour que le lait jaillisse.

D'après ces circonstances du tissu cellulaire, si sensiblement essentielles à la naissance du lait, on pourroit déjà décider que ces cellules en sont le réservoir, & que les vaisseaux sanguins n'y sont qu'accessoires; mais il est encore tant de cas, dont les exemples ne sont pas moins frappans, qu'on ne sauroit s'y refuser : tel est celui qu'on a tous les jours sous les yeux, & toujours avec tant de surprise, de l'enfant qui allaite, dont la nourrice exprime du lait à volonté , quoique certainement ses seins ne soyent pas alors des glandes galactophores , mais

ſeulement un tiſſu cellulaire lâche & pléthorique : tels ſont encore tous ceux qu'on trouve dans
les relations avérées, & ſi peu
crues , parce qu'elles ſont ex-
traordinaires , d'hommes dont le
ſein a donné du lait; qui auroient
pu nourrir, s'ils ne l'ont pas fait ;
& des femmes qui en ont perdu
par des lieux ſinguliers , comme
par la cuiſſe , ou quelqu'autre
extrêmité.

Tel eſt même celui des inflammations qui ſuppurent après une
bonne coction ; car le pus loua-
ble n'eſt qu'une eſpece de lait ,
ſelon la juſte & lumineuſe comparaiſon d'un excellent Obſerva-
teur. (*a*)

____

(*a*) M. Petit de l'Académie Royale des ſcien-
ces dont les travaux font tant d'honneur à l'hu-
manité.

Mais pour le démontrer complétement, pour lever jufqu'au moindre doute, il faut confidérer le lait lui-même, & comparer fa compofition à celle du fang ; car fa difparité force de recourir à une autre origine.

Le lait ainfi qu'il eft connu de tout le monde, fe fépare de lui-même, en trois fubftances très-diftinctes ;

L'une eft cette huile opaque, qui furnage, qu'on nomme crême, qu'il eft fi facile d'enlever ; l'autre eft cette liqueur muqueufe, qu'on reconnoit en la caillant, dont on fait le fromage ; & la troifieme eft le ferum, où eft noyé ce corps falin, qu'on cryftallife par l'évaporation du phlegme qui le tenoit en diffolution, qu'on appelle du nom de fucre de lait.

Or je prie qu'on fe rappelle
la

la décompofition fpontanée du fang, de fes caillots qui fe réfol-vent entierement en liqueur féreufe, où l'on ne diftingue qu'une fubftance muqueufe unie à une partie colorante; & je demande s'il eft poffible de vouloir enfuite en tirer par quelque filtration une huile, & un corps falin cryftalifable.

De plus le lait dans fa diftillation ne fournit point d'alkali volatil, & le fang fait le contraire.

Il faut donc néceffairement que le lait n'en provienne pas, & comme il ne refte d'autre reffource pour fa production, que de le tirer des humeurs qui occupent les cellules du tiffu cellulaire; que d'ailleurs cela s'accorde avec toutes les obfervations; il fuit évidemment que ces cellules font les lieux, les feuls lieux, où il puiffe fe former, & où ces di-

N

verses substances puissent subir cette combinaison legere, si opposée aux effets de la circulation.

C'est en partant delà, que s'expliquent comme d'elles-mêmes une foule de singularités concernant le lait : on n'est plus étonné de ce qu'il conserve tout le caractere des alimens qui l'ont produit ; de ce qu'il varie chez les vaches, autant que les herbes qu'elles broutent ; de ce que certaines plantes à fleurs jaunes, telles que la luzerne, donnent une crême dont le beurre est si haut en couleur ; & bien d'autres phénomènes pareils, car les molécules alimentaires qui entrent dans la composition du lait, se ressentent encore de leur origine, n'étant pas dénaturées par la circulation.

De même la différence de la moëlle avec la graisse, dont la

cauſe n'a pas été remarquée, n'eſt qu'une ſuite fort ſimple de leur origine. La graiſſe ſans ceſſe rafraîchie par les molécules graſ-ſes des alimens, doit acquérir le caractere des huiles végétales ; & la moëlle au contraire, qui n'eſt renouvellée que par la vapeur qui peut pénétrer à travers les lames du réſeau oſſeux où elle eſt dépoſée, & un peu ſans doute par les membranes des vaiſſeaux mêmes qui y pénétrent, doit conſerver toute ſa nature ani-male.

On n'eſt plus ſurpris des mal-heureuſes ſuites de la fiévre critique, que ſe cauſent les fem-mes qui ſe font paſſer leur lait ; de ces dépôts affreux, de ces maladies putrides, & des morts cruelles dont la plûpart ſont vic-times : un mélange auſſi hétéro-gène que le lait, lorſqu'il eſt dé-

N ij

tourné à contre-tems, des c[anaux]
par où il devoit s'écouler, & qu[i]
peut parcourir une infinité de
lieux, puisque les cellules où il
suinte communiquent toutes
doit naturellement se décompo-
ser, se porter par métastase a[ux]
endroits les plus foibles, les plu[s]
délicats, qui présentent le moins
d'obstacles; ce qui est ordinaire-
ment quelqu'organe intéressan[t]
& là, par son altération cau[se]
tous les ravages qu'on observe.

Mais s'il est démontré, que le
lait est formé par la combinaison
des humeurs qui vont & viennent dans les cellules du tissu cellulaire, il ne faut plus qu'un
pour y trouver aussi le prin[cipe]
d'où la nature tire la lymph[e]
les autres sécrétions, car de
seul dans son analyse spontan[ée]
les présente toutes: il est évid[ent]
que la crême n'est qu'une es[pèce]
de graisse, le caséeux qu'une

pece de mucus de lymphe ; &
le serum, qu'un suc uni au corps
salin. Il n'y a que les esprits qui pa-
roissent venir d'ailleurs, & qui
méritent un éclaircissement plus
circonstancié.

Des Esprits Animaux.

On parle de plusieurs sortes
d'esprits, les uns dit-on sont moteurs, les autres animaux, les
autres nerveux, & il en est encore de vitaux mais on les dis-
tingue plus par des mots, que
par des différences positives, & il
est en effet très-difficile de les
connoître.

Il me paroît que leur nature est
originairement une ; qu'ils s'élevent de la fermentation, dans le
tems que la matiere alimentaire
se digere, depuis l'estomac jusqu'au cœcum ; qu'ils reçoivent

dans la circulation du sang, l'é-
laboration qui les perfectionne,
& que delà, ils se modifient
ensuite aussi diversement, que les
organes où ils pénétrent, peuvent eux-mêmes être modifiés.

Ces esprits souffrans par l'intermede du sang, les efforts d'une
action rapide mille & mille fois
repetée; le froissement d'un liquide, dont le cours est brisé,
interrompu à chaque instant, par
la subdivision & le retrécisse-
ment de ses conduits; s'échauf-
fent, s'attenuent, se subliment,
& s'exhalent, lorsqu'il est ralenti
dans le pelotonnement de quelque labyrinthe glanduleux. Ce
sont ces esprits alors assez puis-
sans pour caractériser l'animal
par leur odeur, & de plus la
source de tous les autres, qu'il
faudroit désigner à ce qu'il me
semble, par le nom d'esprits ani-

maux les autres tireroient leurs dénominations des lieux où ils se trouvent.

On voit que si le sang n'est plus ce cahos d'humeurs d'où sortent toutes les sécrétions ; il est cependant par cette nouvelle fonction, quoique plus simple & plus bornée, d'un usage non moins important. Embrasé par la circulation, il émane dans les lieux où il est retardé, les vapeurs pleines de feu dont il est l'intermede, & anime toute la machine ; c'est par-là, que dans les anfractuosités infinies du cerveau, l'humeur qui suinte entre le tissu des nerfs, acquiert cette qualité spiritueuse, qui donne la vie végétative aux parties, & que dans les replis prodigieux de l'organe de la génération ; le sperme s'empreint d'une vapeur qui en fait toute la vertu.

N iv

J'avoue que je ne comprens rien à la nature de ces esprits moteurs, qui véhicules du sentiment & de la volonté, en égalent la célérité, quelque preste qu'elle soit : on les prendroit pour l'esprit même du feu, à en juger par les regards étincelans des animaux féroces, & par leur affinité avec la chaleur, le fluide électrique & tout ce qui est de nature étherée. Pour les autres esprits; plus grossiers & plus matériels, ils sont aussi plus reconnoissables : tel est l'esprit nerveux, que tant de miasmes de virus, d'exhalaisons & même les menstrues ordinaires comme l'alkali fixe, ont le pouvoir d'attaquer. Peut-être n'est-ce qu'une lymphe phosphorique ! Car les lieux où il naît, doivent lui donner pour base quelque humeur lymphàtique, & la grande va-

riété d'odeurs qu'il fait sentir
dans le court espace de tems
qu'il met à parcourir toute sa
fermentation, semble aussi le démontrer. Pour la substance phosphorique, je me fonde sur l'observation si souvent attestée, des
viandes noctiluques; sur celle
des étincelles dites électriques,
qu'on tire du dos d'un chat en le
frottant; celles encore d'une che-
mise sécouée brusquement dès
qu'on la quitte, (*a*) & enfin
cette destruction urineuse qu'en
fait l'alkali fixe.

Conclusion.

Le but essentiel des demandes de l'Académie, étoit de dé-

(*a*) Je croirois faire tort au Lecteur de l'a-
vertir que ces expériences ne reussissent que la
nuit.

terminer d'une façon précise, la ſubſtance qui ſe convertit en ſucs animaux, parmi toutes celles qui compoſent les alimens. Nous eſperons en être venu à bout, par les démonſtrations de l'analyſe, & par les conſidérations phyſiologiques; car il eſt prouvé par des obſervations que cette ſubſtance eſt encore ſenſiblement de nature muqueuſe, lors même qu'elle eſt animaliſée : de même par la deſcription des phénomenes de la digeſtion ; nous avons auſſi fait remarquer conſtamment la néceſſité de ſa préſence ; puiſqu'aucune autre ſubſtance priſe ſeule, ne pourroit fournir par ſa fermentation, des huiles, des eſprits ſi divers, & tous ces liquides hétérogenes qui inondent le tiſſu cellulaire.

Quant aux autres vues qui ne ſont qu'acceſſoires & dépendantes de cette premiere explication, je crois y satisfaire en ne les traitant que comme de simples conséquences du principe établi : ainsi pour discerner du premier coup d'œil, quels corps peuvent nourrir, & fournir après quelques préparations, des ressources dans l'occasion : il est clair qu'il ne faut s'arrêter que sur les muqueux ; & que tous peuvent le faire depuis le plus pur, tel qu'est le sucre, jusqu'au plus alteré, comme la colle forte : & en effet les animaux ne vivent souvent que de fruits doux, des substances toutes saccharines, & quelquefois aussi de viandes bouillies, exprimées, qui ne sont plus que des cuirs glutineux dont tout l'esprit est extrait.

On voit de même aisément qu'en raison du corps qui altere le muqueux, suivant sa cohéren-

ce & son atténuation, la digestion sera plus ou moins facile ;
ainsi l'on digere au mieux les
fruits délicats & fondans, qui ne
sont chargés que d'une legere
matiere extractive ; on digere
moins bien les fruits huileux d'une
nature moyenne, comme les
amandes émulsives : & avec un
travail pénible, ceux dont la
tenace combinaison est aussi forte que permanente, (*a*) comme dans les semences des légu-
mineux, du genre des feves &
des haricots.

Il est de même évident que les
alimens exquis, seront ceux qui
sont les plus analogues à nos hu-

______

(*a*) Comme ils ont par cette même raison
l'avantage de soutenir plus long-tems, ils sont
sans doute la base de ces poudres mysterieuses
qu'on prétend nourrir beaucoup, quoique pri-
ses en très-petite quantité.

meurs, telles que les chairs encore palpitantes, dont aucune
force réactive n'a diffipé les efprits. C'eft fans doute par une
raifon contraire que les caffres
qui ne vivent que de viandes
corrompues, ne parcourent que
la moitié de la carriere, dont tous
les autres peuples atteignent également les bornes : car de même
corps fubftantiel eft la bafe de
tous leurs alimens, & le vice des
parties étrangéres qui l'affaifon-
nent, peut feul caufer d'auffi
grandes différences.

Il me femble auffi, que fi les
vérités établies précédemment,
peuvent conduire à quelques vues
fur les moyens curatifs des maladies, c'eft fans contredit vers
l'ufage des acides préparés, mifcibles comme ils font à nos humeurs, & antiputrides affurés,
s'ils ne réintégrent pas les efprits

ils donnent au moins le tems à la
nature d'en créer de nouveaux ;
& comme ils ont des sucs pro-
phylactiques, ils forment en quelque façon une véritable panacée.

F I N.

de notre obéissance : A la charge que ces Présentes seront
enregiftrées tout au long fur le Registre de la Communau-
té des Imprimeurs & Libraires de Paris, dans trois mois
de la date d'icelles; que l'impreffion dudit Ouvrage fera
faite dans notre Royaume & non ailleurs, en bon pa-
pier & beaux caracteres, conformément aux Réglémens
de la Librairie, & notamment à celui du 10 Avril 1725,
à peine de déchéance de la préfente Permiffion; qu'avant
de l'expofer en vente, le Manufcrit qui aura fervi de
copie à l'impreffion dudit Ouvrage, fera remis dans le
même état où l'Approbation y aura été donnée, ès mains
de notre très-cher & féal Chevalier Chancelier de France,
le Sr. DE LAMOIGNON, & qu'il en fera enfuite remis deux
exemplaires dans notre Bibliothéque publique, un dans
celle de notre Château du Louvre, un dans celle dudit
Sieur DE LAMOIGNON, & un dans celle de notre très-
cher & féal Chevalier Vice-Chancelier & Garde des
Sceaux de France, le Sieur DE MAUPEOU; le tout à
peine de nullité des Préfentes. Du contenu defquelles
vous mandons & enjoignons de faire jouir ledit Expo-
fant & fes ayans caufes, pleinement & paifiblement,
fans fouffrir qu'il leur foit fait aucun trouble ou empê-
chement. Voulons que la copie des Préfentes, qui fera
imprimée tout au long au commencement ou à la fin
dudit Ouvrage, foi foit ajoutée comme à l'Original.
Commandons au premier notre Huiffier ou Sergent fur ce
requis, de faire pour l'exécution d'icelles tous actes requis
& néceffaires, fans demander autre permiffion, & no-
nobftant clameur de Haro, Charte Normande, & Let-
tres à ce contraires. CAR tel eft notre plaifir. Donné à
Compiégne le cinquiéme jour du mois d'Août, l'an
de grace mil fept cent foixante-fept & de notre Regne
le cinquante-deuxieme. Par le Roi, en fon Confeil.
Signé LE BEGUE.

*Régiftré fur le Régiftre XVII. de la
Chambre Royale & Syndicale des Libraires & Imprimeurs de Paris, N° 1269,
fol. 261. conformément au Réglement
de 1723. A Paris ce 13 Août 1767.*

GANEAU, *Syndic.*

CATALOGUE

CATALOGUE

De quelques Ouvrages de Chymie, Médecine, Chirurgie, & autres qui se trouvent chez les mêmes Libraires.

INſtituts de Chymie, ou Principes Élémentaires de cette science, préſentés dans un nouveau jour par M. *de Machy*, Maître Apoticaire, Démonſtrateur de Chymie, Membre de l'Academie Royale des Sciences de Berlin, 2 vol. *in-*12. 1766.　　5 liv.

Chymie de Juncker, ouvrage traduit de l'Allemand, par le même 6 vol. *in-*12, *reliés.*　　15 liv.

Chymie de Pott, traduite par le même, 4 vol. *in-*12.　　10 liv.

Chymie de Lemery, nouvelle édition, donnée par M. Theodore Baron, *in-*4° avec *fig.*　　15 liv.

Pharmacopée univerſelle, cinquieme édition par le même, 2 vol. *in-*4. avec *fig.*　　22 liv.

Dictionnaire des Drogues par le même, 2 vol. *in-*4. avec *fig.*　　22 liv.

Chymie de *Shaw*, traduite de l'anglois, *in-*4.　　10 liv. 10 ſ.

Abregé de la Théorie Chymique, tiré des propres écrits de Boerhaave, auquel on a joint le traité du Vertige, vol. *in-*12   2 liv. 5 f.

Pharmacopée de Londres, 2 vol. *in-*4.   10 liv. 10 f.
Le premier volume est actuellement en vente.

Le second est sous-presse.

Pharmacopée de Charas, 2 vol. *in-*4.   18 liv.

Le Pharmacien Moderne, *ou* nouvelle maniere de préparer les Drogues, avec des expériences de Médecine sur des animaux; une Méthode suivie & aisée de dissoudre la pierre par interjections, avec une suite d'expériences sur les effets du Laurier-Cerise, & sur ceux des vapeurs du Soufre, traduite de l'anglois, vol. *in-*12   2 liv. 5 f.

L'Art de la Verrerie traduit de l'allemand de Néry, Merret, & Kunckel, par le Baron d'Holback, *in-*4. avec *fig.*   14 liv.

Dissertation sur l'Æther par M. Baumé, *in-*12.   2 liv. 10 f.

De la fonte des Mines & des fonderies, & de ce qui en dépend; ouvrage traduit de l'Allemand de Schutter, par M. Hellot, 2 vol. *in-*4. avec *fig.* 25 liv. *Le tome second se vend séparément.* 15 l.

Minéralogie, *ou* Description générale

3

des substances du regne minéral, par M. Gostchalk Walerius ; ouvrage traduit de l'Allemand, 2 vol. *in-8* avec *fig.* 12 liv.

Œuvres Physiques & Minéralogiques de Lehmann, traduites de l'Allemand, par M. le Baron d'*Holback* ; 3 vol. *in-12*, avec *fig.* 9 liv.

Œuvres Métallurgiques de M. Jean-Christian Orschall, traduite de l'Allemand par M. le Baron d'*Holback*, *in-12*. 3 liv.

Cours de Chirurgie, par *Col-de-Villars*, 3 vol. *in-12 rel.* 15 liv.

Tom. 1 & 2. Principes de Chirurgie, & Traité des tumeurs. 5 liv.
Tom. 3. Traité des playes. 2 l. 10 f.
Tom. 4. Traité des ulcéres. 2 l. 10 f.
Tom. 5. . . des fractures & des luxations 2 l. 10 f.
Tom. 6. Dictionnaire 2 l. 10 f.

Ces Traités se vendent séparément.
Institutiones Anatomicæ per placita & responsa digestæ à D. Atthalin, Doctore Medico Monspeliensi, Regis Consiliario, in Universitate Bisuntinâ Professore Regio ; residente, in gratiam Auditorum suarum, Vesuntione, &c. 5 l.

La Médecine & la Chirurgie des Pau-
vres , qui contiennent des remédes
choifis , faciles à préparer & fans dé-
penfe , vol. *in*-12   2 l. 10 f.

Traité de la matiere médicale pour
fervir à la compofition des remédes
indiqués dans les Aphorifmes , par M.
Boerhaave : auquel on a ajouté les Opé-
rations Chymiques du même Auteur
&c. *Nouvelle édition* in 12   2 l. 10 f.

Remédes contre la pefte , par M.
Helvetius, Confeiller du Roi , Méde-
cin , Infpecteur des Hôpitaux de Flan-
dres , *brochure in*-12.   15 f.

Traité des caufes , des accidens &
de la cure de la pefte ; avec un recueil
d'obfervations & un détail circonftan-
cié des précautions qu'on a prifes pour
fubvenir aux befoins des peuples affligés
de cette maladie , ou pour la prévenir
dans les lieux qui en font menacés , par
M. *Senac* , *in*-4.   9 l.

Réflexions critiques fur l'ufage des
différentes faignées , principalement
de celle du pied &c. par M. *Cheva-*
lier , Docteur-Régent , vol. *in*-12. 2 l. 5 f.

Traité des fiévres malignes , des
fiévres peftilentielles & autres ; avec
des confultations fur plufieurs fortes

des maladies, 2 vol. *in-*12   5 l.

Ouvrages de M. de Réaumur.

L'Art de faire éclore & d'élever en toute saison des Oiseaux Domestiques de toute espece, &c. 2 vol. *in-*12 avec *fig.*   6 l.

Pratique de l'art de faire éclore des oiseaux domestiques de toute espece &c. *in-*12 avec *fig.*   2 l.

Mémoires pour servir à l'histoire des Insectes 6 vol. *in-*4, de l'Imprimerie Royale.   120 l.

Art de convertir le fer en acier, avec 17 *Planches.* vol. *in-*4.   12 l.

Abrégé de l'histoire des Insectes, dédié aux jeunes personnes, orné de figures en taille-douce, par l'auteur du Cours d'histoire, 2 vol. *in-*12 avec *fig.* 1764.   6 l.

Théologie des Insectes, traduit de l'Allemand de M. Lesser, 2 vol. *in-*8. avec *fig.*   7 l. 10 s.

École du Jardinier Fleuriste, vol. *in-*12 avec *fig.* 1764.   2 l. 10 s.

Le Parfait Maréchal, par Soleysel, *in-*4.   9 l.

L'Agronome, *ou* Dictionnaire Portatif, contenant les connoissances nécessaires pour bien gouverner les biens de campagne, *nouvelle édition*, cor-

6

rigée & augmentée, 2 vol. *in-8*. 1764.
9 l.

Nouvelle édition exactement corrigée & considérablement augmentée du Manuel des Champs, ou recueil choisi, instructif, amusant, de tout ce qui est le plus nécessaire & le plus utile pour vivre avec aisance & agrément à la campagne, &c. par M. *Chanvalon*, Prêtre de l'Ordre de Malthe ; *le tout en un fort vol. in-12 de plus de 600 pages.* 1765
2 l. 10 s.

Le Traité suivant qui est actuellement sous presse, est prêt à paroître.

QUestion Médico-legale, dans laquelle l'on assigne les symptomes communs & particuliers à l'hydropisie de Matrice & à la grossesse, & où l'on établit des principes pour distinguer sûrement si une femme est accouchée, ou si elle a eu une hydropisie de Matrice, *in-12. brochure.*

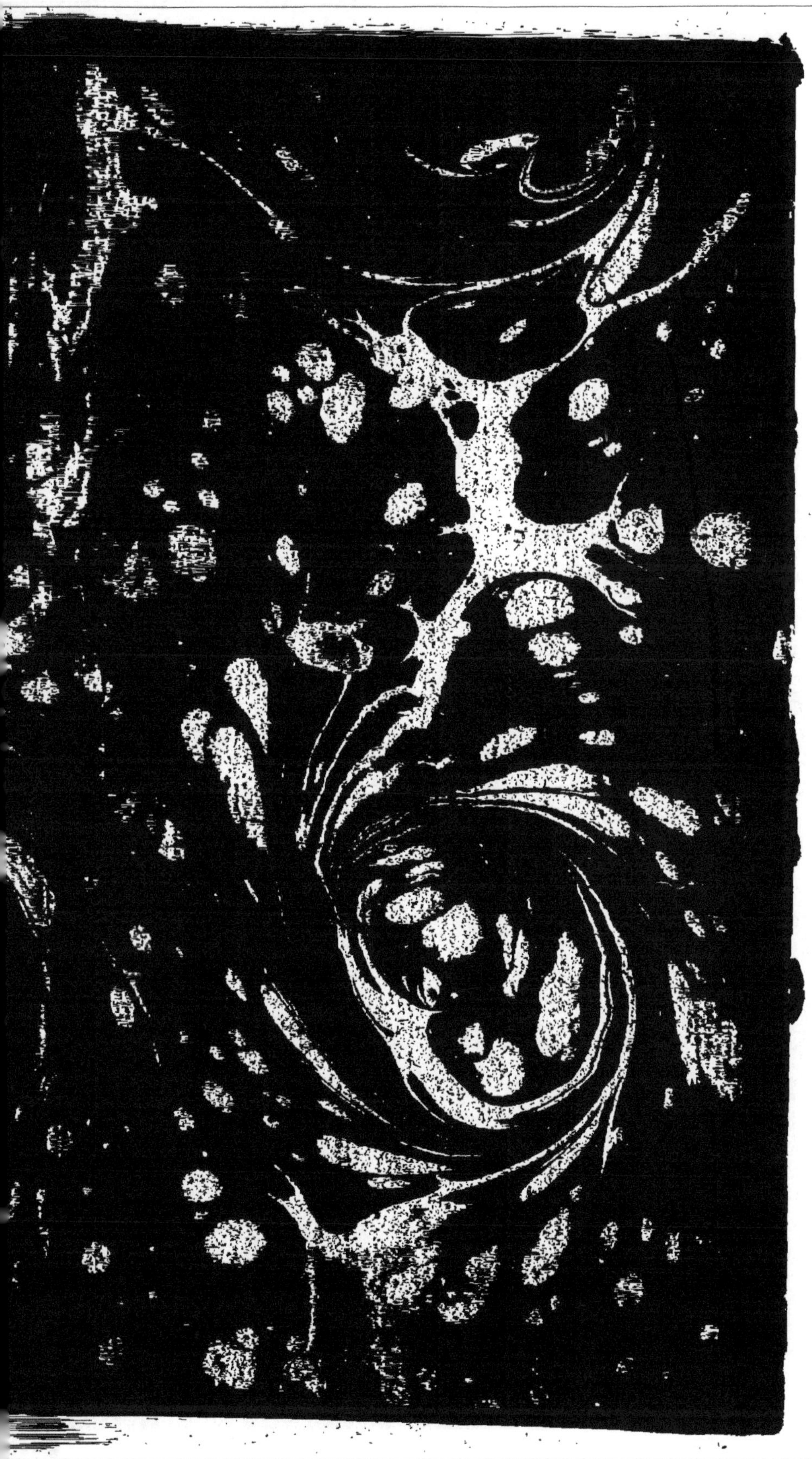

www.ingramcontent.com/pod-product-compliance
Ingram Content Group UK Ltd.
Pitfield, Milton Keynes, MK11 3LW, UK
UKHW010912160726
13695UKWH00007B/561